身近な妖怪ハンドブック

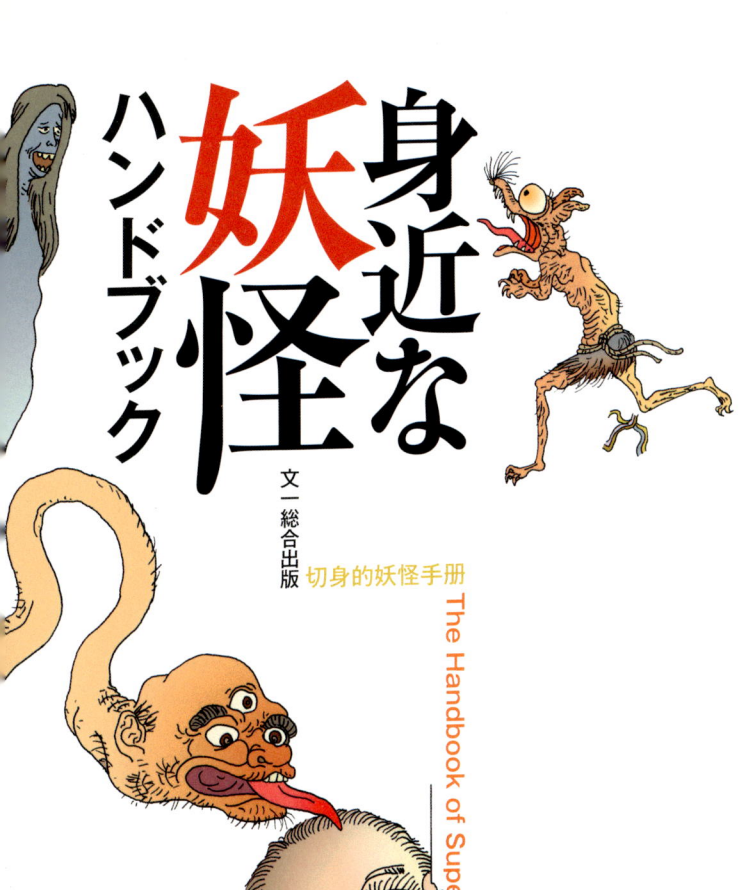

文一総合出版

切身的妖怪手册

The Handbook of Supernatural Creatures

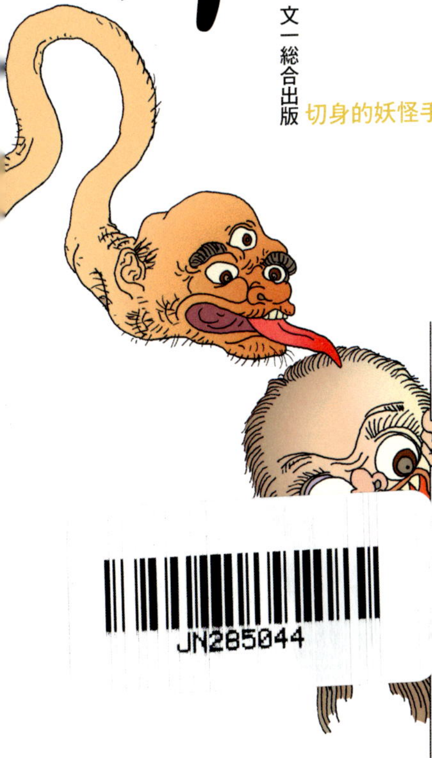

川村 易＋OSAmoon

妖怪の分類について

標準和名

学学名

分分布·生息環境

見見られる時期

特形態、生態の特徴

　妖怪は、確かにいるとは言えないが、いないとも言い切れない。雲の形、光、岩の模様、揺れる影、きしむ音、床の汚れ、木のうろ。妖怪の姿は見えなくても頭の中では妖怪の存在を感じている。見えない物の気配に背筋がぞくっとする。神社に手を合わせる。何かがあると感じるのは、じめじめした気候の中で育まれた日本人の心そのものである。

　江戸時代に発見された妖怪は、『耳袋《みみぶくろ》』、『甲子夜話《かっしやわ》』などの目撃譚も多く、時代を経るとともに細かなところまでもっともらしい説明がつけ加えられ、妖怪の姿が見てきたような過剰な造形として出来上がった。妖怪は、実在の生き物（誰もが持っている共通の記憶を材料に）を組み合わせ、生態の特徴を具現化（キャラクター化）したものに名称をつけたものである。

　この本では、一般生物の分類と同じような考え方で、妖怪を変容前（化ける前）の姿で分類した。幽霊や妖怪は変容前の姿で数え、妖怪は一匹、二匹。幽霊は一人、二人と違いはあるが、この本では江戸期の分類に従って異界のものすべてを妖怪とした。

　生まれながらの妖怪種は多様で、特徴的な姿、性格、身振り、本質的な振る舞いで分類した。主に一世代限りの種であるが、河童のように種の存続が可能な妖怪もいる。貉《むじな》、狐、狸、猫のように年を経ると妖怪に変容する種は人に取り憑《つ》く。欲が具現化した泥田坊《どろたぼう》(p.42)、年を経た器物が妖怪化した如意自在《にょいじざい》(p.61)など、妖怪種独特の種も多い。妖怪種の蜘蛛《くも》は、一般生物の8本足ではなく6本足。現存の生物も江戸期の博物画を参考に描き、現代の図鑑とは表現の違いがある。

　妖怪は、生態の特徴からは「人間依存型」と「自立型」に分けられる。人間依存型は、びっくりしたり怖がる人がいるときに限り姿を現す。出現場所が限られ、見越し入道(p.34)のように出現場所によって和名が変わるものもいる。自立型は、鬼火や未確認生物のように目撃者がいなくても存在する種。発生場所から【外来種】と【固有種】に分けた。

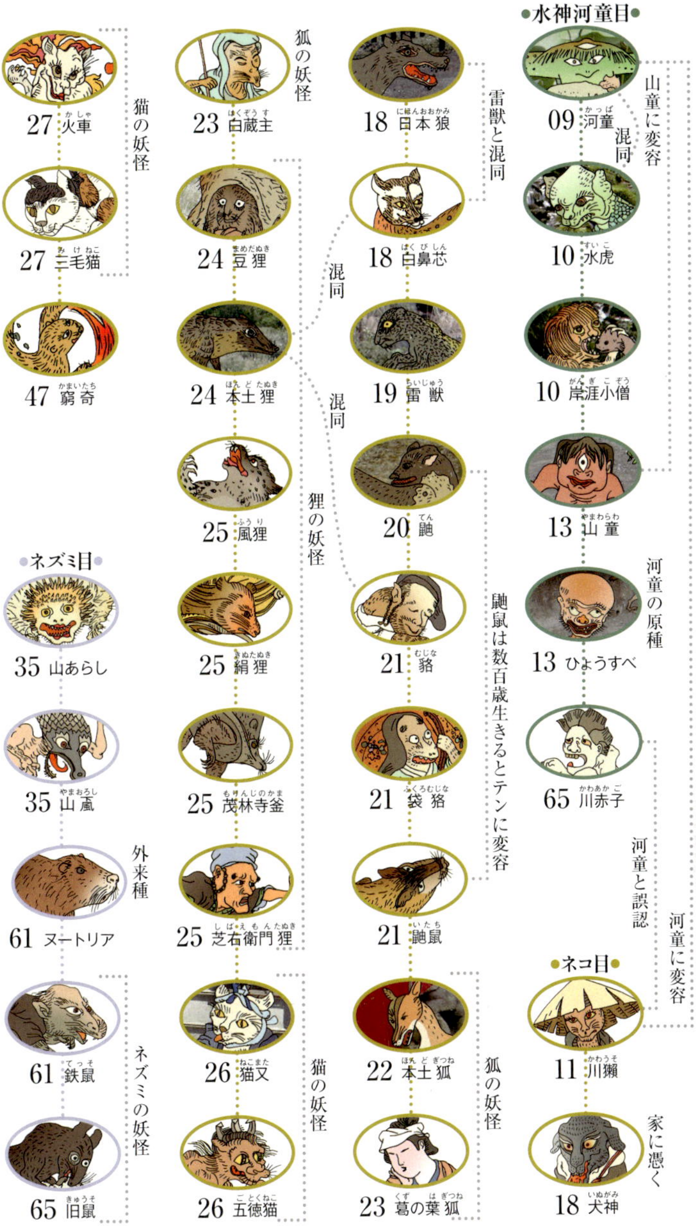
27 火車《かしゃ》
27 三毛猫《みけねこ》
47 窮奇《かまいたち》
猫の妖怪
ネズミ目
35 山あらし
35 山颪《やまおろし》
外来種
61 ヌートリア
61 鉄鼠《てっそ》
65 旧鼠《きゅうそ》
ネズミの妖怪
狐の妖怪
23 白蔵主《はくぞうす》
24 豆狸《まめだぬき》
24 本土狸《ほんどたぬき》
25 風狸《ふうり》
25 絹狸《きぬたぬき》
25 茂林寺釜《もりんじのかま》
25 芝右衛門狸《しばえもんたぬき》
狸の妖怪
26 猫又《ねこまた》
26 五徳猫《ごとくねこ》
猫の妖怪
混同
混同
18 日本狼《にほんおおかみ》
雷獣と混同
18 白鼻芯《はくびしん》
19 雷獣《らいじゅう》
20 貂《てん》
21 狢《むじな》
21 袋狢《ふくろむじな》
21 鼬鼠《いたち》
鼬鼠は数百歳生きるとテンに変容
22 本土狐《ほんどぎつね》
23 葛の葉狐《くずのはぎつね》
狐の妖怪
水神河童目
09 河童《かっぱ》
山童に変容
混同
10 水虎《すいこ》
10 岸涯小僧《がんぎこぞう》
13 山童《やまわらわ》
13 ひょうすべ
河童の原種
65 川赤子《かわあかご》
河童と誤認
河童に変容
ネコ目
11 川獺《かわうそ》
18 犬神《いぬがみ》
家に憑く

クモ目
15 絡新婦《じょろうぐも》
美形
15 土蜘蛛《つちぐも》
鬼面
ダニ目
15 恙虫《つつがむし》
「つつがなし」の語源
屍鬼目
42 手《て》の眼《め》
座頭姿
42 泥田坊《どろたぼう》
老人が変容
43 野寺坊《のでらぼう》
破戒僧
43 海座頭《うみざとう》
人型の海坊主
クジラ目
43 座頭鯨《ざとうくじら》
サソリアミ目
46 網剪《あみきり》
ミノタウロス目
75 牛鬼《うしおに》
濡女と共謀
75 海牛《うみうし》
牛鬼の一種
野精霊目
14 野槌《のづち》
14 槌《つち》の子《こ》
アオジタトカゲと混同
吸腔龍目
73 出世螺《しゅっせぼら》
ホラ貝の変容
ウマ目
28 白澤《はくたく》
29 獏《ばく》
合成妖怪
有鱗ヨタカ目
29 以津真天《いつまで》
スズメ目
29 鵺《ぬえ》
コウノトリ目
16 骨傘《ほねからかさ》
傘の妖怪
67 陰摩羅鬼《おんもらき》
鳥型妖怪
有鱗目
67 手負蛇《ておいへび》
ヘビの妖怪
コウモリ目
31 野衾《のぶすま》
31 山地乳《やまちち》
31 百々爺《ももんじい》
野衾の変容
31 野鉄砲《のでっぽう》
猫の変容
山神呼子目
12 幽谷響《やまびこ》
12 彭侯《ほうこう》
木魅と同種
ガー目
11 アリゲーターガー
外来種
カメ目
11 カミツキガメ
外来種

小僧目

16 からかさ小僧《こぞう》

一つ目

17 雨降《あめふり》小僧《こぞう》

17 小雨坊《こさめぼう》

近縁種・二つ目

59 豆腐小僧《とうふこぞう》

59 一《ひと》つ目《め》小僧《こぞう》

一つ目

59 青坊主《あおぼうず》

一つ目老け顔

コイ木目

61 木魚達磨《もくぎょだるま》

ヤナギ目

64 柳婆《やなぎばば》

鬼目

34 見《み》越《こ》し入道《にゅうどう》

カワウソが化ける

34 身《み》の毛《け》立《だち》

35 うわん

54 天井嘗《てんじょうなめ》

54 天井下《てんじょうくだり》

55 しょうけら

三虫と同種

77 手洗鬼《てあらいおに》

仏間ナマズ目

61 塗仏《ぬりぼとけ》

61 如意自在《にょいじざい》

仏間に現れる

赤舌目

48 皮《ひ》肉《にく》

48 はぢっかき

49 馬鹿《むましか》

西日本では阿呆

49 どうもこうも

双頭

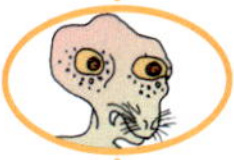

49 白《しろ》うかり

52 垢嘗《あかなめ》

きれい好き

52 赤舌《あかした》

52 火《ひ》消婆《けしばば》

52 油赤子《あぶらあかご》

油坊と同種

山鬼目

17 日《ひ》和坊《よりぼう》

近縁種

43 魃《ひでりがみ》

77 山精《さんせい》

オソレ目

50 おとろし

50 震々《ぶるぶる》

弱虫

51 わいら

牛型

51 後神《うしろがみ》

一つ目

51 狐《こ》者《わ》異《い》

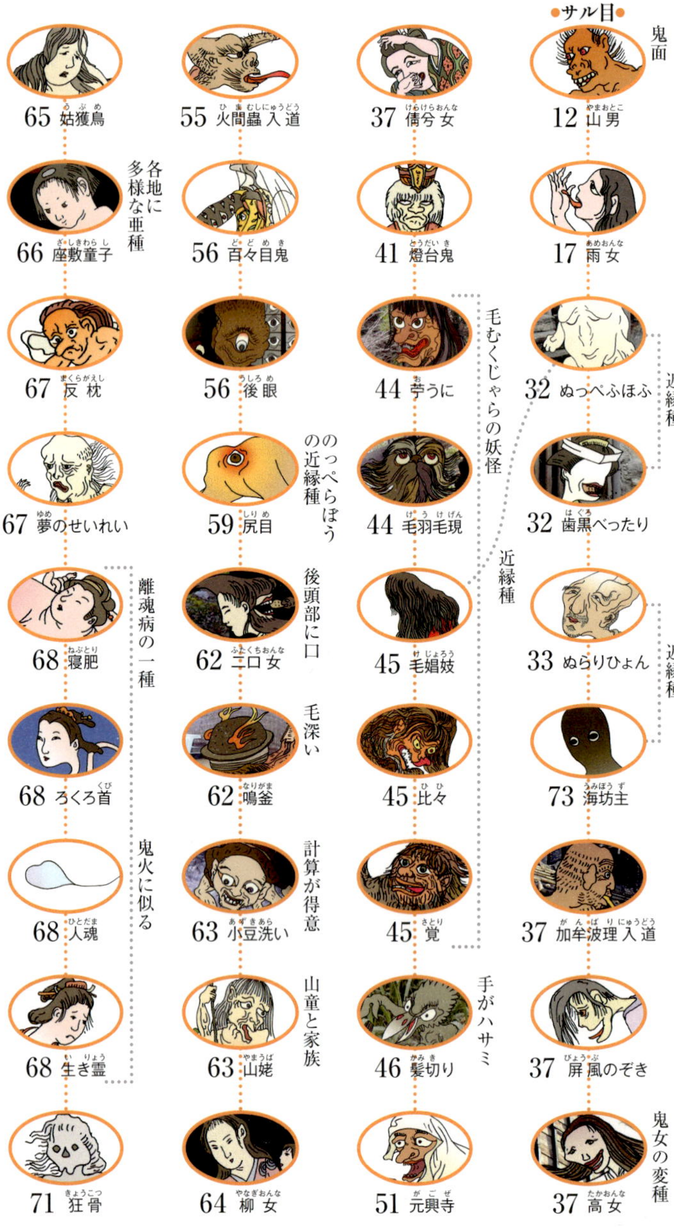

サル目
鬼面
12 山男《やまおとこ》
17 雨女《あめおんな》
32 ぬっぺふほふ
近縁種
32 歯黒《はぐろ》べったり
33 ぬらりひょん
近縁種
73 海坊主《うみぼうず》
37 加牟波理入道《がんばりにゅうどう》
37 屏風《びょうぶ》のぞき
鬼女の変種
37 高女《たかおんな》
37 倩兮女《けらけらおんな》
41 燈台鬼《とうだいき》
毛むくじゃらの妖怪
44 苧《お》うに
44 毛羽毛現《けうけげん》
近縁種
45 毛娼妓《けじょろう》
45 比々《ひひ》
45 覚《さとり》
手がハサミ
46 髪切《かみき》り
51 元興寺《がごぜ》
55 火間蟲入道《ひまむしにゅうどう》
56 百々目鬼《どどめき》
56 後眼《うしろめ》
のっぺらぼうの近縁種
59 尻目《しりめ》
後頭部に口
62 二口女《ふたくちおんな》
毛深い
62 鳴釜《なりがま》
計算が得意
63 小豆洗《あずきあら》い
山童と家族
63 山姥《やまうば》
64 柳女《やなぎおんな》
65 姑獲鳥《うぶめ》
各地に多様な亜種
66 座敷童子《ざしきわらし》
67 反枕《まくらがえし》
67 夢《ゆめ》のせいれい
離魂病の一種
68 寝肥《ねぶとり》
68 ろくろ首《くび》
鬼火に似る
68 人魂《ひとだま》
68 生《い》き霊《りょう》
71 狂骨《きょうこつ》

ラップ現象目

38 鳴家《やなり》 小さな鬼

38 松明丸《たいまつまる》 天狗火の一種

38 大地打《ないちうち》

38 畳叩《たたみたた》き

40 天火《てんび》

41 ふらり火《び》

41 叢原火《そうげんび》 悪僧の魂

71 お菊虫《きくむし》

71 皿《さら》かぞえ お菊の鬼火

鬼火目

40 釣瓶火《つるべび》 木の精霊

40 姥《うば》が火《び》 老女の魂

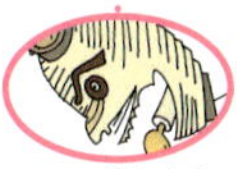
40 不々落々《ぶらぶら》 破れた提灯

40 輪入道《わにゅうどう》

41 片輪車《かたわぐるま》

分化

72 人魚《にんぎょ》

73 藻之花《ものはな》 ランチュウの原種

73 栄螺鬼《さざえおに》

74 濡女《ぬれおんな》 牛鬼と共謀

75 道成寺鐘《どうじょうじのかね》

77 雪女《ゆきおんな》

77 白粉婆《おしろいばば》

近縁種

岩石目

65 夜啼石《よなきいし》 元は石

22 殺生石《せっしょうせき》 狐の執念

23 狐火《きつねび》 狐の仕業

38 天狗礫《てんぐつぶて》 天狗の仕業

障子目

56 目目連《もくもくれん》

56 目競《めくらべ》

家庭龍目

63 白溶裔《しろうねり》 元は雑巾

創造神目

77 燭陰《しょくいん》 人面蛇身

アオイ目

33 一反木綿《いったんもめん》の原種

サトイモ目

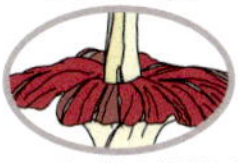
41 燭台大蒟蒻《しょくだいおおこんにゃく》

月世界目

49 桂男《かつらおとこ》

気象モウロウ目

55 煙々羅《えんえんら》 気体の妖怪

雷神目

47 風《かぜ》の神《かみ》 風邪の元凶

かっぱ

水辺に棲む淡水妖怪【固有種】

かしましく鳴いていた
カエルの声が急に止み
蓮池の底から
ブクブク泡が
浮き上がる
メタンガスなのか
河童の息なのか

ひとくち怪談

海童

ちょんまげを結っていた昔の話。漁師の網に五、六匹の赤子のようなものがかかった。暴れて船に飛び込んだ一匹を取り押さえようとすると、屁を放った。臭気洗っても四、五日抜けず。櫓《ろ》で打ち殺すと赤子のごとき声を上げた。よくよく見れば尻の穴が三つある河童。初めは漁の邪魔をする害獣退治という名目だったが、河童の毒気に当てられたせいか、人の本性、獣の心からか、河童が網にかかるたびに面白半分に打ち殺した。いつしか海から河童が消え、今では河や沼にひっそり淡水河童が棲むのみ。水底から聞こえる赤子が泣く声は河童の鳴き声。

享和元年(1801年)、水戸浦で捕獲された海水性河童。体長100cm、体重45kg

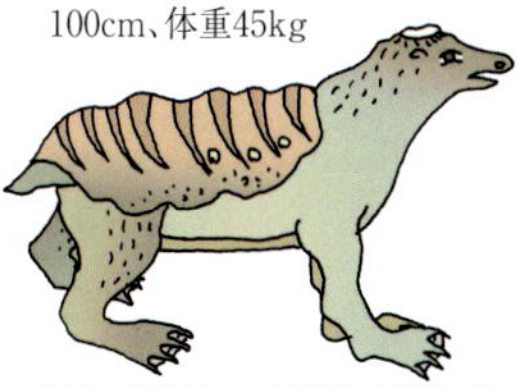

寛政六年(1794年)、東北地方で目撃された河童。4足歩行スッポン型河童

水神河童目　類人スッポン科

河童(カッパ)

分日本各地の河川・沼。日本近海 見春から夏。冬は山童《やまわらわ》に変容。カッパ淵(岩手県遠野市)では、年間を通じて見られる 特体長は幼児程度で、全身は緑色、または赤色のうろこに覆われている。頭頂部にある皿状のくぼみの水がこぼれると生命力が衰える。口は短いクチバシで、背中には亀のような甲羅、手足に水掻《か》き。手足には関節がなく自在に伸び縮みする。キュウリを好む。人を水中に引き込み、「尻子玉《しりこだま》」(人の肛門付近にある架空の臓器)を引き抜くなどの悪事を働く。相撲が大好き。現在も各地で目撃談があり、河童のミイラも多数現存。

発見
身近な
妖怪

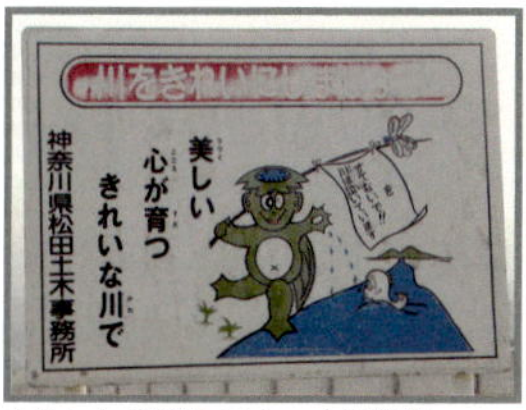

かわいい顔をしてカッパが説教

かっぱ橋道具街(東京都台東区)

渓流に棲む淡水妖怪
【外来種】
水辺がキラキラ光るとき
見えなかった姿が
波間に見える
すいこ
【固有種】
がんぎこぞう

水神河童目　類人サル科

岸涯小僧（ガンギコゾウ）

分長門国《ながとのくに》（山口県）の河川　見一年中　特全身は獣毛に覆われ、髪型はおかっぱ。手足には水掻《か》き。歯車（雁木車）のようなのこぎり状の歯をもつ。魚類を好み、頭からバリバリ骨ごと食べる。岸涯小僧に襲われた魚屋が、大きな魚を投げ、その隙に逃げたという話がある。容姿の記録は『今昔百鬼拾遺《こんじゃくひゃっきしゅうい》』のみに存在。

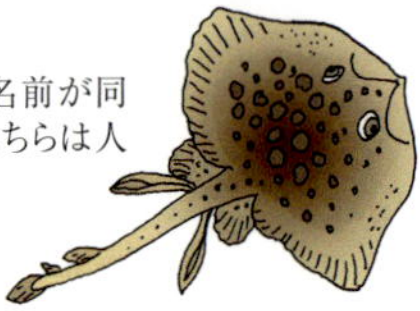

ガンギエイ　名前が同じガンギでもこちらは人間の食用

水神河童目　類人穿山甲科

水虎（スイコ）

分本州の河川・沼。原産地は中国湖北省の河川　見一年中。通常は水中に生息　特カッパより大柄で凶暴な姿。全身はセンザンコウのような堅いうろこに覆われ、膝頭は虎の爪に似た形状。河童と混同されることが多い。ふだんは温厚な性格だが、稀に人を水中に引きずり込み血を吸う。門前に鎌を立てかけると水虎避けの策になる。青森県津軽地方には水虎様《すいこさま》と呼ばれる亜種が存在。

水辺に棲む淡水妖怪【絶滅種】

かわうそ

ネコ目　イタチ妖怪科

川獺(カワウソ)

分かつては日本各地の水辺に生息 見1979年の目撃を最後に、現在は絶滅したと考えられている 特水をはじく密生した獣毛に覆われ、胴体は細長く、手足に水掻《か》き。水中では俊敏に泳ぐ。妖怪カワウソには、年を経てカッパに変容する種もある。魚やカエルなどを食べる肉食性。妖怪カワウソは2足歩行が可能。加《か》賀《が》(石川県)では、子どもや娘に化《ば》けて夜道を歩く姿がよく見られた。

【現代の妖怪】居るはずのないところに不意に現れるエイリアン

カメ目　カミツキガメ科

カミツキガメ

学*Chelydra serpentina*

分主に下総国《しもうさのくに》(千葉県)印《いん》旛《ば》沼《ぬま》の周辺淡水域。日本各地で目撃。原産地は北米から中米 見春から夏。冬は冬眠。夜行性 特北米産の亜種は甲長約50cm、体重34kgまで成長する。水辺の生物を広く捕食する。在来の魚類や両生類などへの影響が懸念される。陸に上がった個体は攻撃的で噛《か》みつく。愛玩動物が捨てられ日本で繁殖した外来種。長寿で繁殖能力が高い。

ガー目　ガー科

アリゲーターガー

学*Atractosteus spatula*

分本州の河川・沼。原産地は北米のミシシッピ川下流域 見一年中 特成体は体長3mを超える。北米最大の淡水魚。カニ、エビ、小魚などを食べる肉食性。大きいものは水鳥も襲う。中生代のジュラ紀から白亜紀(約2億1000万年前~6500万年前)に栄えた古代魚。観賞魚として飼育されていたものが川に捨てられ順応した外来種。

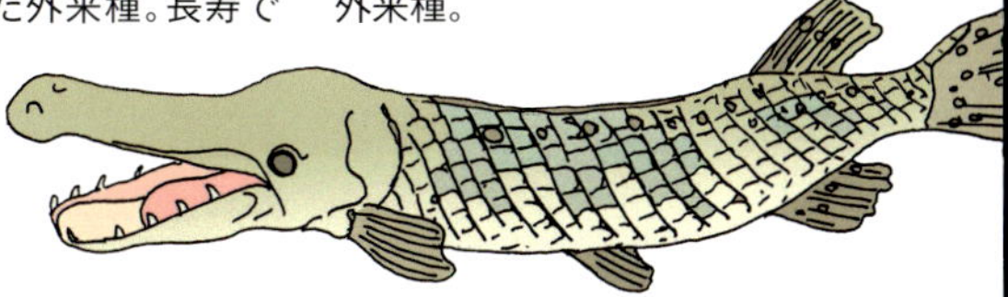

木魅

山神呼子目　木霊科

彭侯（ホウコウ）

分日本各地の山間部。原産地は中国　見一年中。1000年を経た樹木に寄生する　特中国で大木の楠《くすのき》を伐採したところ、人面獣身で尾のない黒犬のような彭侯が現れた。煮て食べると犬の味がしたとの記録がある。幽谷響とは別種で、木魅《こだま》と同種。

やまおとこ

サル目　親切ヒト科

山男（ヤマオトコ）

分遠江国《とおとうみのくに》（静岡県）の山中　見一年中　特体長は2～6m。姿は半裸で多毛。鬼のような風貌だが、性格は穏やか。友好的で木こりの荷物を運んだり、山で怪我をした人を里まで運んでくれる。人語は喋れないが、身振りで話が通じる。お礼はせびらないが、酒をすすめると喜んで呑む。

やまびこ

山神呼子目　山彦科

幽谷響（ヤマビコ）

分土佐国《とさのくに》（高知県）の山間部　見山中で人の声を真似た鳴き声を聞いた情報はあるが、目撃の記録はない。想像図のみ流布している　特深山幽《しんざんゆう》谷《こく》で声を発すると反響して返ってくる鳴き声の種と、平地の狭い家屋内で反響する鳴き声の2種が確認されている。昼夜を問わず、山間部では奇妙な声も幽谷響だといわれる。

発見 身近な妖怪

木のコブは妖怪が生まれ出たきそうな姿

やまわらわ
夏は河童
冬は山童に
冬虫夏草は
冬は虫
夏は草になる
山の河童類と仲間
【未確認生物】
ひょうすべ

水神河童目　類人スッポン科

ひょうすべ

分主に肥前国《ひぜんのくに》（佐賀県）、日向国《ひゅうがのくに》（宮崎県）の山間部　見春、秋の彼岸時期に「ヒョウヒョウ」と鳴き、川と山を行き来する　特体長は河童と同寸。多毛、にやけ顔。ナスが好物。河童の原種。古代中国の武神、軍神兵主神《ひょうずのかみ》ともいわれる。笑い声のような鳴き声から、ひょうすべと呼ばれる。鳴き声につられて笑うと、笑い発作の危険がある。人家に忍び込んで湯船に浸かるのを好む。獣毛の浮かんだ湯に触れた馬が絶命したとの記録がある。目撃しただけでも全身の皮膚が紫色になる熱病を患《わずら》う。

水神河童目　類人スッポン科

山童（ヤマワラワ）

分西国《さいごく》（九州）の山間部　見河童が秋の彼岸に山へ入り、冬季は山童に変容。春の彼岸に川に入り河童にもどる。雨の晩、移動する山童の「ヒョーヒョー」と鳴く声は、地元では季節の風物詩。山童の移動経路に小屋を建てると怪異に見舞われる　特体長は10歳の小童《こわらわ》ほど。多毛、胴長、陽気な性格。人語を解す。伐採した木を運ぶなどの山仕事を、握り飯や魚などの報酬で手伝う。先に渡すと食い逃げされる。セコ、カシャンボ、ヤマガロ、ヤマタロウ、ヤマワランべなど生息地によって呼び名が変わる。

虫のような妖怪【未確認生物】

つちのこ

何となく厭な物が
異界から
滲み出てくる

のづち

野精霊目　槌長蛇科

槌の子（ツチノコ）

分北海道を除く日本各地 見一年中 特形態、生態の特徴は野槌に似ている。1965年以降の目撃情報では、体長30～80cm、頭部は三角形、首がくびれ胴の太さはビール瓶大。色は灰色、黒、焦げ茶、模様のある種など多様。腹部は黄色。まぶたがあり瞬きをする。口から猛毒を吐き、「チー」と鳴く。睡眠時はいびきをかく。2m近い跳躍力で移動。バチヘビ、ドテンコ、タンコロ、ゴンジャなど形態や生態を表す多様な呼び名がある。愛玩動物が野生化したアオジタトカゲと混同されやすい。

野精霊目　槌長蛇科

野槌（ノヅチ）

分主に大和国《やまとのくに》（奈良県）、阿波国《あわのくに》（徳島県）の深山に生息 見一年中 特大きいもので体長90cm、直径15cmの槌型（円筒形）。頭と尾が同じ太さで頭頂部に口がある。小動物などを襲う肉食性。ときおり坂を転げ降りて人も襲う。坂を登るのは不得手で、高所に逃げれば追いかけてこない。仏教説話『沙石集《しゃせきしゅう》』には、口だけ達者な僧が、手も足も目鼻のない口だけの野槌に生まれ変わったとの記述がある。

槌の子はシャクトリムシのように移動する

じょろうぐも

クモ目　足長美形科

絡新婦（ジョロウグモ）

分北海道を除く日本各地 見春に孵《う》化《か》、秋に成体になる 特一般に目にするジョロウグモの体長は17～30mm。腹部に黄色の縞模様。鎌状の口で咬《か》まれても毒は微量。網は直径1mの大きさになる。妖怪種は美形蜘蛛女に化身。糸を絡めて滝壺に人を引きずり込んだり、夢の中で武士に結婚をせまったりと強引な性質が特徴。

つつがむし

ダニ目　人面ツツガムシ科

恙虫（ツツガムシ）

分岩見国《いわみのくに》（島根県）の山間部川べり、東北地方に亜種が分布 見冬期は雪の下に卵で過ごす。春に孵《ふ》化《か》。成体は夜間見られる 特体長は幼虫で0.2～0.3mm。一般に目にするツツガムシに咬《か》まれると感染症（ツツガムシ病）にかかる。妖怪種は犬ほどの大きさ。夜間人家に入り、眠っている人間の生き血を吸う。7世紀、斉明天皇《さいめいてんのう》の御世より、恙虫に襲われずに朝を迎えられて平穏無事な様子を「つつがなし」と言うようになった。

つちぐも

クモ目　八束脛科

土蜘蛛（ツチグモ）

分主に大和国《やまとのくに》（奈良県）、山城国《やましろのくに》（京都府）などの山中の洞穴に生息 見一年中 特成体は大きいもので体長120cm。体高は低く、手足が長い。口から糸を吐き人間を捕食。人前に現れるときは鬼面、虎柄模様の胴体に変容。平安時代の武将、源頼光《みなもとのよりみつ》が駆除したとの記録はあるが、絶滅を免《まぬが》れ、今も山中に巣くっている。

お天気妖怪【気象現象型】
からかさこぞう
雨傘が昼の世界に
順化して
日傘小僧に
ほねからかさ

コウノトリ目　ツル妖怪科
骨傘（ホネカラカサ）
分日本各地 見一年中 特鳥の足をもつ唐傘《からかさ》の妖怪。鳥のように舞い雨を呼ぶ。

小僧目　カラカサ科
からかさ小僧（カラカサコゾウ）
分日本各地のお化け屋敷 見主に夏季 特唐傘《からかさ》が妖怪化。1本足で跳ね回る。お化け屋敷以外での目撃例はない。

あめふりこぞう

小僧目　気象科

雨降小僧（アメフリコゾウ）

分日本各地　見雨の日　特雨の神「雨師《うし》」に奉公する子ども。和傘と提灯《ちょうちん》を手にする。提灯を振って雨量を調整。豆腐小僧（p.59）の近縁種。

ひよりぼう

山鬼目　照々科

日和坊（ヒヨリボウ）

分常陸国《ひたちのくに》（茨城県）の深山　見晴天の日　特ヒデリガミ（p.43）の近縁種。てるてる坊主は日和坊の霊体。軒先に吊るして晴天を祈願するのは白い坊主人形。黒い坊主人形は雨乞い用。

こさめぼう

小僧目　欲欲科

小雨坊（コサメボウ）

分大和国《やまとのくに》（奈良県）の霊山　見雨の日　特修験所に現れ、行者に物乞いをする僧の妖怪。津軽地方には旅人に栗をねだる亜種が出現する。

あめおんな

サル目　気象美形科

雨女（アメオンナ）

分日本各地　見雨の日　特朝は霧、夕方には雨に変身する巫女《みこ》姿のお天気妖怪。

いぬがみ

ネコ目　イヌ妖怪科

犬神（イヌガミ）

分西日本の家屋　見一年中　特形態は、ネズミに似て口がとがる。体色は白黒の斑か、赤黒の斑。小動物形態の妖怪。群れで生活する。犬神の霊が取り憑《つ》くと大食いになり、犬の真似をする。代々、犬神持ち家系の家庭では、床下、納戸などで飼育をする。家族の人数と同数の犬神を飼える。飼い主の気持ちを察して、欲しいものを盗んできたり、気に入らぬ人に取り憑くといった恩恵を与える。性格は順応ではなく、飼い主を咬《か》むこともある。

発見 身近な妖怪

狼を信仰する大口真神の御札

ネコ目　イヌ科

日本狼（ニホンオオカミ）

分かつては北海道を除く日本各地に分布。日本固有種　見明治38年に捕獲されたオスが最後の生息情報。現在は絶滅したと考えられている。世界に剥製《はくせい》が4体現存　特大きさは中型犬と同等。灰褐色の獣毛、夏冬で毛色が変わる。脚が長く、耳は短い。狼（大神）信仰がすたれ、聖獣として敬《うやま》われていた狼が、家畜や人間を襲う害獣として駆逐されるようになる。その後、狂犬病の流行などで絶滅。夜道で旅人の後をついてくる習性を「送り狼」という。恐れれば食いつかれるが、手向かわなければ魔物から守ってくれる。

はくびしん

ネコ目　ジャコウネコ妖怪科

白鼻芯（ハクビシン）

分東アジアの雑木林　見夜行性、樹上・民家の屋根裏　特体長50～65cm。体重2～5kg。ネコのような灰褐色の獣毛、顔面に白い筋、ほほも白い。果物を好み、小動物も食べる雑食性。外来種説と在来種説があり、江戸時代は雷獣と呼ばれた。

お天気妖怪と仲間【伝統種】
らいじゅう
【絶滅種】
にほんおおかみ

ネコ目　妖怪回足科

雷獣（ライジュウ）

分日本各地の上空　見春から夏。冬は土中の穴に潜っていることから千年モグラの別名　特雷とともに天から駆け下りる。落雷跡で目撃されるほ乳類に似た妖怪の総称。江戸時代は目撃情報が多い。体長60cmぐらい。尾は21～24cm。子犬や狸に似た形態。獣毛はムジナ（p.21）に似て、5本の爪は鋭い。落雷した樹木に爪痕《つめあと》を残す。全身黒く、前脚2本、後ろ脚4本、水掻《か》きのあるオオカミに似た種も目撃されている。捕獲された雷獣の飼育記録も残っている。ヘビ、カエル、卵などを常食。天気の良い日は眠り、風雨の日は活発に行動。農作物を荒らす雷獣駆除を「かみなり狩り」と称した。ハクビシン、テン、アナグマとの誤認情報も多い。

てん

出世化け妖怪【未確認生物】

ネコ目　イタチ妖怪科

鼬（テン）

分 北海道を除く日本各地の森林
見 一年中。夜間　特 成体は体長50cmぐらい。体重は6kg以下。小型ほ乳類や昆虫、果実を食べる雑食性。日本固有亜種のキテンの冬毛は黄色、夏毛は褐色。スステンは夏冬変わらず。妖怪種は七化けキツネ、八化けのタヌキを上回る九化けの変身能力を有する。

ネコ目　イタチ妖怪科

袋狢（フクロムジナ）

分日本各地 見一年中 特宿直袋《とのいぶくろ》（布団などを入れる袋）を担いだ女官に化けた妖怪。

ふくろむじな

ネコ目　イタチ妖怪科

鼬鼠（イタチ）

分日本各地の草原、森林に生息 見一年中 特とがった顔に丸く小さな耳。細長い胴に短い脚。体重は2kg以下。家畜も襲う凶暴な肉食獣。ニホンイタチは日本固有種、単独で生息。妖怪種は群れて火柱を起こす。イタチが鳴くのは凶事の前兆。入道、小坊主の妖怪の正体はイタチの場合が多い。イタチが数百歳生きるとテンの妖怪に変容。イタチにまつわる言葉として「イタチの最後っ屁（追い詰められると肛門から悪臭を放って逃げる）」がある。

むじな

ネコ目　イタチ妖怪科

狢（ムジナ）

分北海道を除く日本各地の森林。複数の入口のある巣穴で生活 見一年中。夜間 特体長44～60cm。体重10～16kg。体と脚は太くて短い。体色は黒褐色の地に濃茶の縞模様。雑食性。主にアナグマを指すが、アナグマを「タヌキ」、タヌキを「ムジナ」と呼ぶ地方もある。さらにムジナは妖怪種のマミ、雷獣、のっぺらぼう、などと呼ばれ、すぐれた変身能力と同じように色々な呼び名に化けている。

むじな

いたち

憑きもの御三家妖怪
【伝統化け獣類】

ほんどぎつね

ばけの皮衣
三千年経た空狐が藻草《もぐさ》を被って美女に化けたもの

ネコ目　イヌ妖怪科

本土狐（ホンドギツネ）

分北海道を除く日本各地の草原、森林。北海道にはキタキツネが生息 見主に夜間、安全な場所では日中も行動 特体長60～75cm。体重3～7kg。体色はきつね色。尾は毛がふさふさしていて、先が白い。家畜を襲ったり作物を荒らす雑食性。縄張《なわば》り内で行動。巣穴は親子代々引き継ぎ、長さは30m以上。妖怪種の妖狐《ようこ》は善狐《ぜんこ》と野狐《やこ》に大別される。善狐は稲荷神の神使《しんし》として信仰され、油揚げが好物。野狐は1000年生きると天狐《てんこ》となり、尾の数が四尾に。さらに3000歳を超えると最上位の空狐《くうこ》に。4000年経つと9本の尾をもつ「九尾の狐」となる。薩摩国《さつまのくに》（鹿児島県）の野狐は、ネズミより大きく、ネコより小さい。体色は黒色か白色。蝋、油、漆の味を好む。牛馬の骨を利用して人を化かす。集団で行動し、「ヤコの千匹連れ」と呼ばれる。狐の憑《つ》きものには、他家から金品を奪ってくる御先《おさき》狐《ぎつね》、竹筒に入るほどの体長で神通力をもつ管狐《くだぎつね》などがいる。

せっしょうせき

殺生石（セッショウセキ）

九尾の狐が化けた美女、玉藻前《たまものまえ》が正体を暴かれ、死して執念が石になった。石は毒気を吐き、草木を枯らし、近づく獣はもとより飛ぶ鳥の命まで奪う。

きつねび

狐火（キツネビ）

狐の吐息が光る怪火現象。狐火の行列は、狐の嫁入りと呼ばれる。大晦日に関八州《かんはっしゅう》（関東地方）の狐が榎木《えのき》の元に集まり、王子稲荷へ参殿する。そのときの狐火の行列は壮観。

くずのはぎつね

ネコ目　イヌ妖怪科

葛の葉狐（クズノハギツネ）

分和泉国《いずみのくに》（大阪府）の信太森神社《しのだもりじんじゃ》 **見**歌舞伎の舞台 **特**武士「安倍保名《あべのやすな》」が美しい娘「葛《くず》の葉《は》」と夫婦になり、男の子が生まれた。子どもは後の陰陽師《おんみょうじ》として知られる安倍晴明《あべのせいめい》。「葛の葉」の正体は、かつて保名に助けられた神通力をもつ白狐。

はくぞうす

ネコ目　イヌ妖怪科

白蔵主（ハクゾウス）

分甲斐国《かいのくに》（山梨県） **見**一年中 **特**白い老狐が猟師の殺生を戒めようと寺の住職白蔵主に化け、敬《うやま》われていたが、50年後に犬に正体を見抜かれた。

憑きもの御三家妖怪
【伝統化け獣類】
ほんどたぬき
まめだぬき

ネコ目　イヌ妖怪科

豆狸（マメダヌキ）

分日向国《ひゅうがのくに》（宮崎県、鹿児島県）見主に夜間、小雨の日 特体長は3歳児と同等。知能は高い。小雨降る夜は、陰嚢《いんのう》（オス特有の生殖器の一部で金玉ともいう）を雨合羽《あまがっぱ》の代わりに被《かぶ》り、肴を求めて出歩く酒好き。旅人に陰嚢を広げて8畳間の座敷の幻覚を見せる。灘《なだ》地方の酒蔵には豆狸が住み、豆狸がいないと良い酒ができないといわれる。山陰地方の旧家の納戸では、老婆姿に化けて座っている。

老婆に化けた豆狸

ネコ目　イヌ妖怪科

本土狸（ホンドタヌキ）

分北海道を除く日本各地の森林。人家近くの里山 見主に夜間 特体長50～70cm。尾長約15cm。体重4～10kg。体色は灰褐色で目の周りに黒い模様。丸みがある体型。雑食性。擬死《ぎし》（たぬき寝入り）、月夜に腹鼓を打つなどの習性がある。アナグマ、ハクビシンなどと混同され、貉《むじな》や猯《まみ》などと呼ばれる。妖怪種のタヌキに人が憑《つ》かれると大食いになり、腹が膨れて衰弱する。佐渡《さど》の団三郎《だんざぶろう》、讃岐《さぬき》の太三郎《たさぶろう》、淡路《あわじ》の芝右衛門《しばえもん》、屋島《やしま》の禿狸《はげたぬき》など伝説的な妖怪種も多い。

もりんじのかま

ネコ目　イヌ妖怪科

茂林寺釜（モリンジノカマ）

分上野国《こうずけのくに》（群馬県）見一年中。通常は釜の姿 特別名、分福茶釜《ぶんぶくちゃがま》。直径90cm、高さ60cm。沸かした湯は6日間冷めず、汲《く》んでもつきない茶釜に化けた妖怪狸。僧の守鶴《しゅかく》が所有。釜は守鶴の化身で、夜間には尾や脚を出したりする。

ふうり

ネコ目　イヌ妖怪科

風狸（フウリ）

分原産地は中国の山林。見風が吹く夜間。日本での目撃は稀 特体長はタヌキと同等。サル顔で目は赤く、獣毛は黒、豹柄模様。鼻から尾に青毛、尾は短い。主にクモを食べる雑食性。昼間は活動しないが、夜間は風に乗って滑空する。捕獲されると恥ずかしがるような仕草、打ち叩くと擬死《ぎし》行動。口に風を受けると生き返る。

しばえもんたぬき

ネコ目　イヌ妖怪科

芝右衛門狸（シバエモンタヌキ）

分淡路国《あわじのくに》（兵庫県）見月夜 特人に化けて芝居見物に来たところを犬に襲われ絶命。化け能力が特に強く、死して24日目にやっと狸の正体を現した。

きぬたぬき

ネコ目　イヌ妖怪科

絹狸（キヌタヌキ）

分日本各地 見一年中 特絹の反物「黄《き》八丈《はちじょう》」に化ける狸。布のしわを伸ばし、艶《つや》出しをするために布を打つ道具を砧《きぬた》といい、「たぬき」が「きぬた」に言葉化け。「八丈」は、狸の陰嚢《いんのう》の大きさ「八畳敷き」との語呂合わせ。

十年も人の側にいれば
習わなくても
どんな猫でも
人語を
話せるようになる

ごとくねこ

ネコ目　ネコ妖怪科

五徳猫（ゴトクネコ）

分出羽国《でわのくに》・羽後《うご》（秋田県、山形県）の囲《い》炉裏《ろり》、火鉢のわき　見一年中。主に冬季　特人の気配がないときに、自ら火をおこす猫の妖怪。五徳は、炉の上にやかんなどを乗せるための器具。五徳猫が被《かぶ》っているものは三ツ爪五徳《みつづめごとく》。

ネコ目　ネコ妖怪科

猫又（ネコマタ）

分日本各地の山奥、主に讃岐国《さぬきのくに》（香川県）　見一年中。通常は普通の猫のふりをしている　特体長は大きな犬程度。猫が年を経て尻尾が二股に分かれた妖怪種。妖怪種に変容すると人家から山へ生息地を移す。通常は2足歩行。

ネコ目　ネコ妖怪科

三毛猫（ミケネコ）

分日本各地の家屋周辺　見一年中。一日の大半は寝ている　特夜行性で日本固有の愛玩動物。体長30～60cm。体重は2.5～7.5kg。体色は白、茶、黒で短毛。江戸時代は長尾は妖怪化すると信じられ短尾が好まれた。性別はほとんどがメス。体は柔軟で跳躍力に長《た》けている。感情表現は、ゴロゴロ喉を振動させ、「ニャー」と鳴く。聴覚がすぐれ、暗所でも目が利く。ネズミなどの小型動物を捕食する肉食性。飼い猫は12年経つと妖怪種に変容。妖怪種の化け猫は、行灯《あんどん》の油を好み、血も舐《な》める。手拭を頭に被《かぶ》って踊り、人の言葉を喋るなどの怪異行動の目撃例も多い。

みけねこ

発見 身近な妖怪

女性の服装には猫類が、よく取り憑く

憑きもの御三家妖怪
【伝統化け獣類】
ねこまた

ネコ目　ネコ妖怪科

火車（カシャ）

分日本各地、主に出雲国《いずものくに》（島根県）の墓所など　見激しい雷雨の葬礼日　特年を経て妖怪に変容した猫。地獄から火の車を引いて死者の亡骸《なきがら》を奪いに来る。

かしゃ

はくたく

複合体型妖怪【古典書物種】

ウマ目　魔除け漢方科

白澤（ハクタク）

分原産地は中国北西省　見徳の高い統治者の時代

特長髪でひげを蓄えた人面、貘《ばく》のような胴体。顔に3つ、胴に6つの目を有する。人語を解し、万物によく通じている。災いをもたらす妖怪類の中にあって、人間に益をもたらす数少ない病魔よけの聖獣。貘王《ばくおう》は日本に順化した亜種。

貘王

ぬえ

スズメ目　声ダケツグミ科

鵺（ヌエ）

分本州の山地、森林　見主に丑《うし》の刻《こく》（午前1時から3時）、平安時代に目撃例が多い　特猿面で胴は狸、手足が虎、尾が蛇の寄せ集めの体型。鳴き声は「ヒィー、ヒィー、ヒョー、ヒョー」と虎鶫《とらつぐみ》に似た声で鳴く。関西地方には、捕獲された鵺を葬った痕跡（鵺塚）が残っている。

いつまで

有鱗ヨタカ目　怪鴟科

以津真天（イツマデ）

分関東地方　見夜間、上空　特人面で曲がったクチバシを有し、胴は蛇、両足には鋭い爪。翼開長4.8mの鳥型妖怪。「イツマデ、イツマデ」と鳴く。建武元年（1334年）に隠岐次郎左衛門広有《おきのじろうざえもんひろあり》によって捕殺された記録がある。

ばく

ウマ目　夢バク科

獏（バク）

分原産地は中国　見夢の中　特体つきは熊。象の鼻、サイの目、牛の尾、虎の足をもつ合成妖怪。悪夢を食べるのが食性の特徴。

発見 身近な妖怪

オカピはシマウマとキリンの外見をもつ

四不象はシカ、ラクダ、ウシ、ロバの複合動物

路上妨害妖怪と仲間【未確認生物】
のでっぽう
のぶすま

やまちち

コウモリ目　吸血コウモリ科

山地乳（ヤマチチ）

分主に陸奥国《むつのくに》（青森県・岩手県・宮城県・福島県）見夜間、屋内 特野衾が年を経て変容した妖怪種。猿に似た形態。睡眠中の人間の寝息を吸う。その様子を誰かに目撃されていれば寿命が延び、目撃者が居なければ、吸われた人は翌日絶命。

ももんじい

コウモリ目　吸血コウモリ科

百々爺（モモンジイ）

分主に東日本の人家、路上 見夜間 特毛深い老人姿の妖怪。野衾が年を経て変容。百々爺に遭遇しただけで病気を患《わずら》う。鹿、猪などの毛深い獣の肉をモモンジイと呼ぶ。

コウモリ目　吸血コウモリ科

野鉄砲（ノデッポウ）

分日本各地、寒冷地の森林 見夕暮れ頃、上空 特小型妖怪の猯《まみ》（狸の一種）が年を経てさらに変容した妖怪。人の顔に覆い被さったり、コウモリを口から放って目口を塞ぎ、息を止める。主食は生き血。懐に巻耳《おなもみ》（ひっつき虫）を携帯すると、この難から免れる効力がある。

コウモリ目　吸血コウモリ科

野衾（ノブスマ）

分武蔵国《むさしのくに》（東京都、神奈川県、埼玉県）の森林 見夜間、上空 特ムササビのような体つき。木の実、火、生き血を吸う雑食性。コウモリが年を経て変容した妖怪種。空中を滑空しては、人の顔に張りつく。路上に襖の様な壁を作って行く手を阻む野《の》衾《ぶすま》は別種。

江戸時代の絵巻物に描かれた
野衾（のぶすま）

ぬっぺふほふ
路上立ちふさがり妖怪
【人間依存型】
しゅのぼん
はぐろべったり

サル目　ノッペラヒト科

歯黒べったり(ハグロベッタリ)

分陸奥国《むつのくに》の岩代《いわしろ》(福島県)　見夕暮れ頃　特角隠《つのかく》しをつけた着物姿の女性妖怪。顔には目鼻がなく、お歯黒(既婚女性が歯を黒く染める化粧法)をつけた口のみ。のっぺらぼうの亜種。顔を伏せた女性が振り向きざまにのっぺら顔を見せて驚かせる。他に害はない。

サル目　ノッペラヒト科

ぬっぺふほふ

分日本各地の路上　見一年中　特のっぺらぼうの一種。目鼻としわとの区別がつかない顔をした一等身の人型妖怪。大きいものでは身長2.1m。津軽地方には、ずんべら坊など独自に進化した多様な亜種が分布する。

ひとくち怪談

朱の盆

旅は道連れ、見知らぬ同士が退屈しのぎの怪談話。いつしかあることないこと、聞きかじりの話まで話し尽くし、他に怪異話はないものかと黙って歩く。「そうそう、朱口をした化け物の話はご存じか」「道連れの顔が化け物に変わる話じゃろ」土産物の朱口の面をつけ「それは、かようなものでございますか」「その通りこの顔じゃ」と、こちらも面をつけ、お互い顔を見合わせ笑う。「それでは、この顔はどうじゃ」朱口の面を取っても、その下に朱口ののっぺら坊。にわか化け物の旅人、どう走ったかわからぬが、粗末な宿屋の灯りをみつけ、宿の前にへたりこむ。宿の主人が尋ねるとやっとの思いで逃げ出したとのいきさつを話すと「かような顔でございましたか」主人も朱口ののっぺら坊。足元ではのっぺら坊の犬が「ワン」と吠える。

サル目　入道科

ぬらりひょん

分 備中国《びっちゅうのくに》（岡山県）瀬戸内海、または町中 見 多くは夜間 特 水棲と陸棲の2種が生息。水棲種は海坊主（p.73）の亜種。人の頭ほどの大きさで、海面を沈んだり浮かんだりを繰り返し、船乗りをからかう。陸棲種は夕方の忙しいとき、勝手に家に上がり込み、家の主のような物腰で茶を飲む。ぬらりくらりとした掴《つか》まえどころのない老爺妖怪。

アオイ目　細長アオイ科

一反木綿（イッタンモメン）の原種

分 大隅国《おおすみのくに》（鹿児島県）の上空 見 夜中 特 体長2丈8尺（約8.5m）、幅9寸5分（約29cm）の木綿の布状妖怪。人が夜道を歩いていると、どこからか飛んできて、人の首や胴に巻きつく。百鬼夜行（妖怪のパレード）に登場する黒い布と白い布の妖怪は原種とみられる。

みのけだち

鬼目　ヒクツ入道科

身の毛立（ミノケダチ）

分日本各地 見一年中。無理な頼み事があるとき 特もみ手をしてお世辞を言いいながら相手にへつらう。いじけ度が増すごとに体の毛が逆立つ妖怪。

見上げれば見上げるほどに大きく

鬼目　ビックリ入道科

見越し入道（ミコシニュウドウ）

分日本各地の路上 見一年中。夕方から深夜 特禿頭《とくとう》の僧姿で出現。足元から胴、顔と上に視線を移すと、見上げれば見上げるほど巨大化する妖怪。体長4～15mに達する。見上げて後ろに倒れてしまうと喉をかみ切られる。踏み越えられると熱病を発症。巨大化する前に「見越した」と唱えると小さくなって消える。中国地方には見上げれば大きく、見下げれば小さくなる次《し》第高《だいだか》。四国には交差点に現れ、人が驚かないとどんどん膨らみ、最後には破裂する高坊《たかぼう》主《ず》。東国では1mの小坊主から3mに巨大化する入道坊主《にゅうどうぼうず》。四国にはカワウソが化《ば》けた伸上《のびあが》り。奥羽には影が巨大化する乗越入道《のりこしにゅうどう》。西国のヤンボシも影が巨大化する妖怪。各地で多様な形態が見られる。

みこしにゅうどう

ネズミ目　ヤマアラシ妖怪科

山あらし（ヤマアラシ）

分南米・北米の森林。妖怪種は日本各地の森林　見夜行性で昼間は岩陰や樹洞などに潜んでいる。特体長60～90cm。体重5.4～16kg。主に木の実、樹皮などを食べる草食性。外敵から身を守るため背中に針状のトゲをもつ。群れはつくらずに単独で生活。妖怪種の山あらしは、全身トゲに覆われたモモンガ型と、地上に分布する沓頬《くつつら》の2種が確認されている。

やまあらし

沓頬 瓜畑で好物の瓜を盗む

やまおろし

ネズミ目　ヤマアラシ妖怪科

山颪（ヤマオロシ）

分肥後国（熊本県）　見台所　特頭部が、おろし金状の形態。激高するとおろし金の突起物を敵に飛ばす。

鬼目　ビックリ入道科

うわん

分肥後国《ひごのくに》（熊本県）の武家屋敷　見一年中　特人を見かけると、お歯黒をつけた口で「うわん」と声を上げて現れる鬼型妖怪。「うわん」と言い返せば危害は及ばない。妖怪種は指が3本。九州のお化けワンワンとワンは亜種。

覗き笑い妖怪【人間依存型】
たかおんな
がんばりにゅうどう

鬼女

サル目　足長ヒト科

高女（タカオンナ）

分出羽国《でわのくに》の羽後《うご》（秋田県、山形県）、家屋の2階 見一年中 特鬼女《きじょ》の変種。下半身が3mほど伸縮し、階段を利用せずに、2階の部屋を覗《のぞ》き廻る。

サル目　笑子ヒト科

倩兮女（ケラケラオンナ）

分日本各地の塀 見一年中 特巨大化した中年期の女性妖怪。塀越しにケラケラと笑って驚かす。笑い声を聞くと気を失う。土佐国《とさのくに》（高知県）の山に分布する青年期笑い女、笑い男は亜種。つられて笑うと熱病を患《わずら》う。

サル目　不浄入道科

加牟波理入道（ガンバリニュウドウ）

分淡路国《あわじのくに》（兵庫県）の厠《かわや》（便所） 見大晦日の夜 特白い着物姿の入道妖怪。口からは鳥を吐き、白目をむいて厠を覗《のぞ》き込む。厠に入る前に「がんばり入道ホトトギス」と唱えれば妖怪は現れない。

サル目　家具ヒト科

屏風のぞき（ビョウブノゾキ）

分日本各地の屋内。主に寝室 見夜間 特屏風の外側2m先から覗《のぞ》き込む妖怪。屏風に宿った付喪神《つくもがみ》（器物に宿る霊）。

びょうぶのぞき

けらけらおんな

発見 身近な妖怪

鳥類の倩兮女、ワライカワセミ

だいちうち

ラップ現象目　鳥鬼科

大地打（ダイチウチ）

分日本各地　見一年中　特大地を槌で叩く鳥顔妖怪。金槌を振り上げる金槌坊《かなづちぼう》、顔面が毛槍形態の槍毛長《やりけちょう》は近縁種。

ラップ現象目　キシミ鬼科

鳴家（ヤナリ）

分日本各地の家屋　見主に深夜、丑三《うしみ》つ時《どき》（午前2時から2時30分）　特突然家がきしんだり、激しく揺れる。『日本書紀』にも記録がある古い怪異現象。害をなすのは縁側、縁の下に集団で活動する小鬼妖怪。

たたみたたき

ラップ現象目　バタバタ小僧科

畳叩き（タタミタタキ）

分土佐国《とさのくに》（高知県）　見秋から冬の夜間　特畳を叩くようなパタパタ騒音をたてる妖怪。音のするほうに近づくと、別な方角から聞こえる。正体は古狸の仕業、石にすむコビトなどと推測される。

たいまつまる

ラップ現象目　カラス天狗科

松明丸（タイマツマル）

分主に東国《とうごく》（中部地方）の深山幽谷《しんざんゆうこく》　見一年中　特天狗礫が発する光。天狗火《てんぐび》の一種。正体は大型のカラス天狗が手にする松明《たいまつ》の火の粉。

発見身近な妖怪

ヤモリは妖怪から家を守ると言われている

てんぐつぶて

天狗礫（テングツブテ）山中で突然、砂や石が降ってくる現象。飛んでくる先は不明。石が当たった感じはするが、傷は残らない。地上に落ちた石は見えない。主に天狗の仕業

騒音悪戯妖怪【自然現象型】

やなり

目を固く閉じても
動きまわる音が聞こえる

鬼火妖怪と仲間【自立型】

人のいないときに現れ人が近づくと精気を吸う鬼火コレクション

ぶらぶら

鬼火目　ブラブラ科

不々落々（ブラブラ）

分沖縄を除く日本各地 見夕方から夜間 特破れた提灯《ちょうちん》が妖怪化したもの。

わにゅうどう

鬼火目　ブラブラ科

輪入道（ワニュウドウ）

分山城国（京都府）の路上 見夜間 特牛車の中心に入道の顔。見た者は魂を抜かれる。片輪車から分化した妖怪。

てんび

鬼火目　ブラブラ科

天火（テンビ）

分肥前国《ひぜんのくに》（佐賀県、長崎県） 見夏季、夕方 特大きな音とともに空から落下する火の玉。家の中に入りこんだら、火事になる前に鉦《かね》を叩いて屋外に追い出す。強欲な代官の屋敷に天火が落ち、全焼した記録がある。

つるべび

鬼火目　ブラブラ科

釣瓶火（ツルベビ）

分山城国《やましろのくに》（京都府）の大木 見雨天の夜間 特木にぶら下がる怪火。火といっても延焼の恐れはない。松の古木から落下して人を捕食する生首妖怪、釣《つる》瓶《べ》落《お》としは同種。正体は木の精霊。

うばがび

鬼火目　ブラブラ科

姥が火（ウバガビ）

分河内国《かわちのくに》（大阪府） 見夜間 特顔のしわが炎になった怪火。神社から御神灯《ごしんとう》を盗んだ老女の魂が死後に変容。

【妖怪の系譜】
鬼火に一番似合う燭台

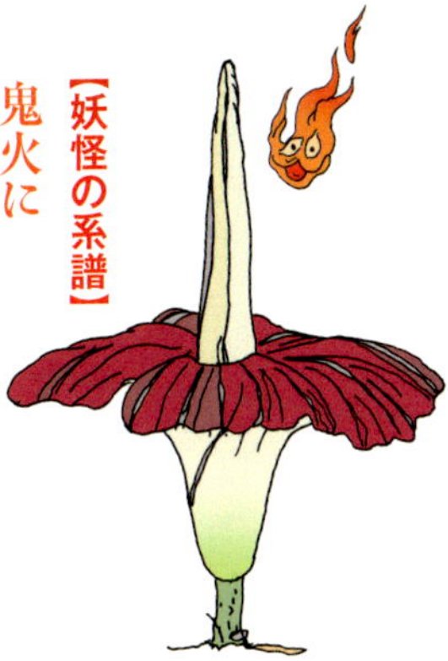

サトイモ目　サトイモ科、
燭台大蒟蒻（ショクダイオオコンニャク）
学*Amorphophallus titanum*
分インドネシア、スマトラ島の熱帯雨林　見7年に一度開花　特世界最大の花。大きいものでは直径3.5m、全長1.5mに達する。開花時には独特な腐敗臭を放つ。

とうだいき

見た目は妖怪
中身は人間

サル目　装飾ヒト科
燈台鬼（トウダイキ）
分薩摩国《さつまのくに》（鹿児島県）の硫黄島。唐（中国）の時代、皇帝の宮殿　見夜間　特頭部に燭台をのせ、体に装飾をほどこされた妖怪。毒を飲まされた人間が、妖怪風に改造されたもので本来の姿は遣唐使。

ふらりび

鬼火目　ブラブラ科
ふらり火（フラリビ）
分日本各地　見夜間　特炎の中心に犬顔の鳥がいる怪火。

そうげんび

鬼火目　ブラブラ科
叢原火（ソウゲンビ）
分山城国（京都府）　見夜間　特悪僧宗源《そうげん》が地蔵堂で盗みを働いた罪で、死後、魂が怪火に変容。炎の中にもだえ苦しむ宗源の顔が浮かぶ。

かたわぐるま

鬼火目　ブラブラ科
片輪車（カタワグルマ）
分近江国《おうみのくに》（滋賀県）の路上　見夜間　特炎に包まれた片輪の車で走り回る女性妖怪。走る姿を覗《のぞ》き見すると祟《たた》られる。

てのめ
妄想歩行妖怪と仲間【自立怨念型】
どろたぼう

屍鬼目　夢遊ヒト科

泥田坊（ドロタボウ）

分陸中国《りくちゅうのくに》（岩手県、秋田県）の田地 見秋から翌春 特単眼で泥田を歩行する妖怪。勤勉な老人が死して妖怪に変容。放蕩《ほうとう》したあげく身代を潰した息子と田を買った者に「田返せ、田返せ」と恨み言をいう。田への強い執着心が妖怪化。

屍鬼目　夢遊ヒト科

手の眼（テノメ）

分山城国《やましろのくに》（京都府） 見夜間の墓地、野原 特手のひらに目がある座頭姿の妖怪。姿は老人だが人肉を好む肉食性。岩手県には、追いはぎに殺害された座頭が犯人の顔を見たいという怨念《おんねん》から手の眼に変容したという記録がある。

うみざとう

屍鬼目　夢遊ヒト科

海座頭（ウミザトウ）

分 陸中国《りくちゅうのくに》（岩手県、秋田県）の沖合 見 月の終わり頃 特 人型の海坊主。琵琶法師の姿で海上をさまよい歩き、通りかかった船を沈める妖怪。海座頭の問いに正直に答えると危害は加えずに消える。

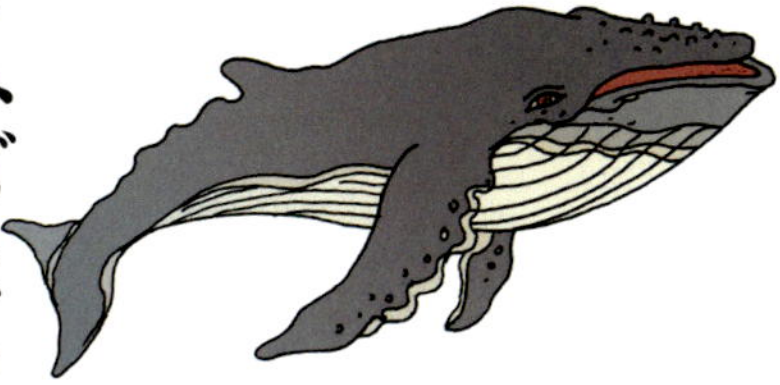

クジラ目　ナガスクジラ科

座頭鯨（ザトウクジラ）

学 *Megaptera novaeangliae*

分 世界中の海洋 見 一年中。回遊をする 特 大きいもので体長20m、体重65t。胸びれが長い。繁殖期には歌を繰り返して歌う。和名は、背中のコブが琵琶を背負った法師の姿に似ているところから名づけられた。

ひでりがみ

山鬼目　単足科

魃（ヒデリガミ）

分 原産地は中国、日本での生息は不明 見 夏季の干ばつ時期。通常は水中に生息 特 体長60～90cm、人面獣身、手、脚ともに1本ずつ。走りは俊敏、魃が現れた土地は大日照りになる。

のでらぼう

屍鬼目　鐘突ヒト科

野寺坊（ノデラボウ）

分 武蔵国《むさしのくに》（東京都、神奈川県、埼玉県）の鐘楼《しょうろう》 見 夕暮れ 特 破戒僧（戒律を破った僧）が廃寺になった恨めしさから妖怪化。無人の野寺（野にある寺）の鐘をつく。

発見 身近な妖怪

夜になると歩き出しそうな案山子（かかし）

おうに

長毛無精妖怪【徒長種】

サル目　多毛ヒト妖怪科

毛羽毛現（ケウケゲン）

分日本各地の床下、湿った場所 見目撃例は稀 特狆《ちん》（顔が平たい小型犬）に似て、目以外の全身が長い獣毛で覆われている。中国の仙人、毛《もう》女《じょ》に近い種。病気、災いをもたらす疫病神の一種。風通しを良くするのが毛羽毛現が湧かない対処法。

サル目　多毛ヒト妖怪科

苧うに（オウニ）

分越後国《えちごのくに》（新潟県）の山間部 見一年中 特全身「苧《からむし》」の束のような黒い毛に覆われた山姥《やまうば》の妖怪。「苧」はカラムシから作る繊維の糸。「うに」は真っ黒な泥炭《でいたん》のこと。人が糸を紡いでいるところに現れて手伝う。一瞬の間に糸紡ぎを仕上げたとの記録が江戸時代にある。

サル目　多毛野人科

比々（ヒヒ）

分日本各地の山間部 見一年中 特正徳四年（1714年）に伊豆で捕獲された記録では体長2.3m。中国の原種は、大きいもので体長3m。顔は人に似て、長い髪で全身は黒い獣毛。俊敏で凶暴、人を捕食する前に唇がめくれ上がるほど大笑いする声「ヒッヒッ」が名前の由来。長い髪はカツラの材料に、血は緋《ひ》色《いろ》の染料に利用される。

サル目　多毛ヒト妖怪科

覚（サトリ）

分主に飛騨国《ひだのくに》（岐阜県）の山間部 見一年中。焚き火、囲炉裏ばた 特全身長い獣毛に覆われた猿人。人の心を読み、人が口にするより先に、人の考えていることを喋るのが生態の特徴。心の隙をついて人を捕食する肉食性。ただし、予期せぬことに遭遇すると一目散に逃げる。捕獲は人の心を読むためにきわめて困難。

サル目　ノッペラヒト科

毛娼妓（ケジョウロウ）

分武蔵国《むさしのくに》（東京都、神奈川県、埼玉県）の遊郭《ゆうかく》 見一年中 特髪の毛の長い女性妖怪。髪に隠れた顔面はのっぺらぼうと考えられている。

サソリアミ目　ソラエビ科

網剪（アミキリ）

分出羽国《でわのくに》の羽前《うぜん》（山形県）の漁村　見主に夏季　特甲殻類に似た形態の妖怪。漁村で漁網を切り裂き、山里では寝室に吊ってある蚊帳《かや》を切り裂くなど、目的不明の行動をとる。

切られた女性の髪

サル目　カミキリヒト科

髪切り（カミキリ）

分伊勢国《いせのくに》（三重県）の町中　見夜行性だが、日中もよく路上で活動　特鳥顔で手先がはさみに変化した人型妖怪。夜道を歩く人の髪を元結いから、気づかれないように切断。切られた髪は路上に残す。江戸でも被害例が多数あった。妖虫髪切り虫、切り裂き魔などの仕業と誤認されやすい。

ひとくち怪談

妖怪の遊び

結った髪が往来に落ちているのは、髪切り虫の仕業。切られた人いつ切られたかを知らず。家に帰って、髪の無いこと知らされ、驚いて気を失う。曲がり角に吹くなまぬるい風が胸にあたると、思い当たることもないのに胸が苦しい。これ、風の神のせい。カマイタチの子どもは、一匹目が何もないところでつまずかせ、二匹目が鎌で切り、三匹目が傷跡に薬を塗る。これすべて妖怪の遊びなり。

かまいたち

ネコ目　カマキリイタチ科

窮奇（カマイタチ）

分 日本各地。特に越後国《えちごのくに》（新潟県）

見 冬の風の強い日。雨上がり後の水たまりに生息 特 ハリネズミのような獣毛。犬のように鳴くイタチ型の妖怪。つむじ風に乗り、鎌状に変化した前脚で人を襲う。下半身を襲われることが多く、最初は傷口の痛みはないが後に激痛を生じる。妖怪化した野《の》鎌《がま》の鎌傷との見分けが難しい。

かぜのかみ

雷神目　風塵科

風の神（カゼノカミ）

分 日本各地の空気のよどんだ地域 見 主に冬季と夏季 特 人の体内に黄色い風を吹きつける。風に当たったものは風邪をひく。

発見 身近な妖怪

三つ編みに編まれた植物の葉

赤舌目　ショウロ科

はぢっかき

分日本各地の土中　見春と秋　特歪《ゆが》んだかたまり状で恥ずかしがり屋の妖怪。幼時ははぢっかきに弾力性があるが、成熟すると体が大きくなり穴に入れなくなる。隠れる穴がないと消滅。

赤舌目　ウシノシタ科

皮肉（ヒニク）

分日本各地　見主に昼過ぎから深夜　特脱皮した達磨《だるま》の皮が妖怪化。遠回しに相手の欠点を意地悪くいう言葉妖怪。上辺だけの人間に取り憑《つ》く。

しろうかり

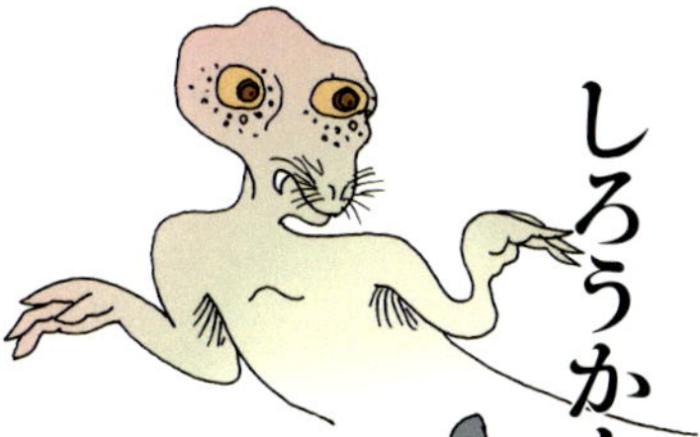

赤舌目　双頭マイッタ科

白うかり（シロウカリ）

分日本各地　見一年中　特「うかりひょん」（たわけのなれの果て）の白化個体。取り憑《つ》かれると「うかり（ぼんやりしている様子）」者になる。

かつらおとこ

月世界目　絵空ヒト妖怪科

桂男（カツラオトコ）

分月の陰の部分　見紀伊国《きいのくに》（和歌山県）に出没　特月を長く眺めていると、月の陰から現れた桂男が月に招き入れる。誘われた人は寿命が縮まる。桂は月に生える大木で1,500mの高さになる。

むましか

赤舌目　ウマノシタ科

馬鹿（ムマシカ）

分東日本。西日本では阿《あ》呆《ほう》と呼ばれる　見一年中　特角のある馬面に鹿の胴。一つ目で、バカを身をもって表している妖怪。

どうもこうも

赤舌目　双頭マイッタ科

どうもこうも

分中部地方の医療施設　見一年中　特双頭で体色が緑がかった灰色の人型妖怪。頭は「どうも」と「こうも」という医者。どうにもこうにもを体現している。「にっちもさっちも」は亜種。

発見 身近な妖怪

横断歩道のどうもこうも

オソレ目　ゾゾヒト妖怪科

震々（ブルブル）

分日本各地　見主に冬季　特人の首筋に取り憑《つ》き小刻みに震える妖怪。襟元《えりもと》に取り憑かれると、すこしの寒さや恐怖で尻込みをするようになる。「ぞぞ神」、「臆病神」とも呼ばれる。

オソレ目　オドロオドロヒト妖怪科

おとろし

分陸奥国《むつのくに》の磐城《いわき》（福島県、宮城県）の神社　見一年中　特獅子頭のような巨大な頭部をもつ棘髪《おどろがみ》（乱れた髪）妖怪。おどろおどろしいを実体化。鳥居から不信心者を監視し、見つけると落下して懲《こ》らしめる。

うしろがみ

オソレ目　ココロノコリヒト妖怪科

後神（ウシロガミ）

分 伊勢国《いせのくに》（三重県） 見 主に別離の場 特 女性の後ろ髪を引っ張る一つ目の妖怪。首筋に息を吹きかけたり、傘を飛ばしたりして驚かす。伊勢神宮には勘当《かんどう》（親子の縁を切ること）した親の気持ちをなだめる種も存在。

わいら

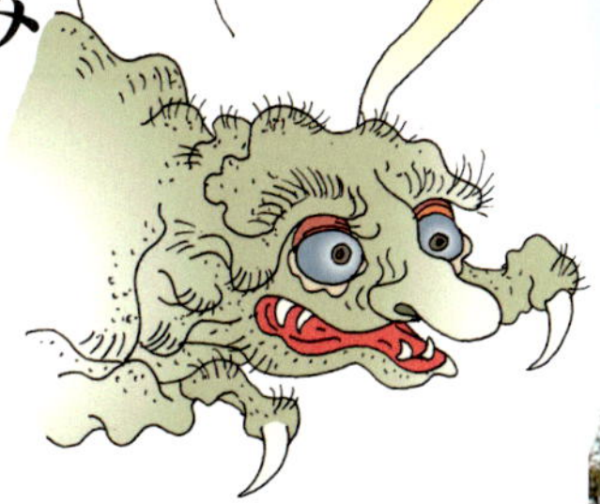

オソレ目　オジケズクヒト妖怪科

わいら

分 下総国《しもうさのくに》（茨城県、埼玉県、千葉県）の山間部 見 一年中 特 牛のような体型で前脚は1本爪。ひれ伏す姿勢で恐くて畏《おそ》れるを実体化。ガマガエルの変容ともいわれ、前爪で土を掘ってモグラを捕食する。

こわい

オソレ目　ゴウヨクヒト妖怪科

狐者異（コワイ）

分 日本各地 見 一年中 特 傲慢《ごうまん》な人間が執着心を引きずったまま死して妖怪化。亡霊の身でも空腹で、盗み食いをする。世の中で一番コワイことを実体化。

がごぜ

サル目　鬼ウシ亜科

元興寺（ガゴゼ）

分 大和国《やまとのくに》（奈良県）元興寺の鐘楼《しょうろう》 見 鬼門（北東の方位） 特 「咬《か》もうぞ」と言いながら現れる。僧の姿をした鬼型妖怪。雷の子（後の道場法師）に捕獲されたが、頭髪を残して逃亡。

発見 身近な妖怪

かわいい物も年を経ると妖怪化する

あかした

赤舌目　シシガシラ科

赤舌（アカシタ）

分陸奥国《むつのくに》の陸奥《むつ》（青森県、岩手県）の水門　見春から秋　特黒雲のすき間からのぞく舌の赤い妖怪。用水路の水門を管理する。赤口《あかくち》は原種。

あぶらあかご

浮世の垢をなめるポストの妖怪

赤舌目　ペチャペチャ人科

油赤子（アブラアカゴ）

分近江国《おうみのくに》（滋賀県）　見夜間　特母乳よりも行灯《あんどん》の油を好んで呑む赤子妖怪。地蔵堂の灯明《とうみょう》を盗んで売り歩いていた行商人の魂魄《こんぱく》が赤子に取り憑《つ》いたと推測される。怪火の油坊《あぶらぼう》と同種。

赤舌目　キントキ人科

垢嘗（アカナメ）

分日本各地の湯舟　見一年中　特風呂の塵、水垢が溜《た》まったところから生じた金時頭の童子妖怪。風呂桶についた垢を食べる。垢嘗が現れぬように江戸期の人は風呂掃除に励んだという。

赤口（アカクチ）

赤舌目　フウフウ人科

火消婆（ヒケシババ）

分日本各地の人家　見夜間　特提《ちょう》灯《ちん》、行灯《あんどん》などの火を吹き消す老婦人姿の妖怪。妖怪界が好む陰気な闇夜を作るために、陽気な火を消して回るのが仕事。

ひけしばば

あかなめ

清掃舐め妖怪【人の生活圏生息種】

木製の風呂がバスタブに変わると
「垢なめ」は居場所を探して
さまよい歩く

胴長覗き妖怪と仲間【人の生活圏生息種】

てんじょうくだり

てんじょうなめ

鬼目　ブラリ人科

天井下（テンジョウクダリ）

分日本各地の日本家屋の天井裏

見一年中　**特**天井から逆さまにぶら下がり現れる鬼型妖怪。人に恐ろしい思いをさせるだけで、それ以上の害はない。幼児型の妖怪は天《てん》吊《づ》るしと呼ばれる。

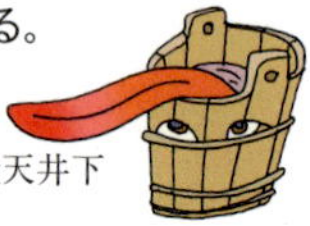

化けそこなった妖怪天井下

鬼目　清掃人科

天井嘗（テンジョウナメ）

分上野国《こうずけのくに》（群馬県）の民家　**見**深夜

特人が寝静まると、長い舌で天井を舐《な》め回る鬼型妖怪。直接人間に危害は及ばないが、舐め跡がシミになる。シミが恐ろしい獣や苦悶の表情に見え、人間を恐怖に陥れる。天井嘗を捕獲して天井裏を舐め掃除させたという記録がある。

しょうけら

鎧姿(よろいすがた)のしょうけらと裸体姿のしょうけら

鬼目　チクリ人科

しょうけら

分紀伊国《きいのくに》(和歌山県、三重県)　見60日ごとに巡ってくる庚申《こうしん》の日　特屋根の天窓から住人の悪事を監視する鬼型妖怪。天帝に日頃の行いを報告して人間の寿命を決める。ふだんは人の体に棲み監視し、人が眠ると悪事を天帝に報告する三虫《さんちゅう》と同種。対処法としては、庚申の日に眠らずに過ごすこと。

三虫(サンチュウ)　道士、獣、牛頭人足の3種類の姿。大きさは6cm程度

気象モウロウ目　気体科

煙々羅(エンエンラ)

分日本各地の民家の台所、風呂場　見主に晩秋　特大気をさまよう気体の妖怪。たなびく煙の中に姿がうっすらと見える。ぼんやり眺める心の余裕がある人にしか見えない。

サル目　多毛ヒト妖怪科

火間蟲入道(ヒマムシニュウドウ)

分日本各地の縁の下　見夕方から夜間　特縁の下から上半身を乗り出して行灯《あんどん》の油を舐《な》める入道妖怪。夜なべ仕事をしている部屋の行灯を消して邪魔をする。火間蟲はゴキブリのこと。

えんえんら

ひまむしにゅうどう

障子目　複眼科

目目連（モクモクレン）

分日本各地の和室 見一年中 特碁盤に注がれた碁打ちの念が障子に目となって現れる超常現象。荒々しい神·一目連《いちもくれん》とは正反対の気味は悪いが穏やかな妖怪。

めくらべ

障子目　複眼科

目競（メクラベ）

分摂津国《せっつのくに》（大阪府、兵庫県）の庭見朝 特無数のどくろが一つに合体して、巨大などくろとなり睨《にら》みつける超常現象。平清盛《たいらのきよもり》が遭遇したときは、睨み返したらどくろは消滅した。平家に滅ぼされた武士や貴族の恨みが妖怪化したもの。

サル目　単眼ヒト妖怪科

後眼（ウシロメ）

分日本各地 見悪事をたくらむ場所 特後頭部に目をもつ妖怪で、手は1本のかぎ爪。「後ろの目、壁に耳」隠し事は世間に知られやすいの意味を身をもって表している妖怪。

きどどめ

サル目　目目鬼科

百々目鬼（ドドメキ）

分武蔵《むさしの》国《くに》（東京都、神奈川県、埼玉県） 見一年中 特長い腕に百の目を持つ女性妖怪。盗み癖のある女性に鳥目《ちょうもく》（江戸時代、鳥の目に似た穴のあいた通貨）の精が取り憑《つ》いた。平安時代、藤原秀郷《ふじわらのひでさと》が凶暴種の百々目鬼を駆除した記録がある。凶暴種は、体長3m。百の目を光らせ、全身刃のような体毛。断末魔に体から炎を吹き、口から毒を吐いた。

発見 身近な妖怪

樹の節が目目連

いちもくれん
うしろめ
にらめっこ妖怪【人の生活圏生息種】
もくもくれん

出会い頭にびっくり目玉で
逃げまどうだけの
人畜無害な妖怪

びっくり小僧と仲間【人の生活圏生息種】

ひとつめこぞう

小僧目　ダイズサル科

豆腐小僧（トウフコゾウ）

分武蔵国《むさしのくに》（東京都、神奈川県、埼玉県） 見一年中、主に雨天の夜 特竹の傘をかぶり、豆腐を乗せた丸盆を持って歩く小さな妖怪。1770年代（安永）に突然姿を現したときは二つ目。江戸後期になると一つ目に変容。頼りなく気弱な性格ゆえ、他の妖怪の使い走りをしている。

小僧目　ダイズサル科

青坊主（アオボウズ）

分駿河国《するがのくに》（静岡県）の麦畑 見春季、夕暮れ 特額に単眼、ひげ面で青い僧衣をまとった大坊主妖怪。麦畑に現れて子どもをさらっていくといわれる。

発見
身近な
妖怪

どこでも一つ目が見張っている

小僧目　メカゴサル科

一つ目小僧（ヒトツメコゾウ）

分日本各地 見一年中 特額に単眼、幼児体型の小さな妖怪。体長3mの大型種は一《ひと》つ目入道《めにゅうどう》と呼ばれる。特に害はないが、屋敷内に現れ人を驚かす。人に見つかると「黙っていよ」と言って消える。また路上に現れて睨《にら》みつけたり、長い舌で人を舐めたりする。一つ目小僧と言われるが、出会い頭の目の数は、賽《さい》の目と同じで何個になるのかはわからない。

サル目　ノッペラヒト科

尻目（シリメ）

分山城国《やましろのくに》（京都府）の帷子辻《かたびらがつじ》 見一年中 特のっぺらぼうの近縁種。尻の穴にある目が雷のように光る。

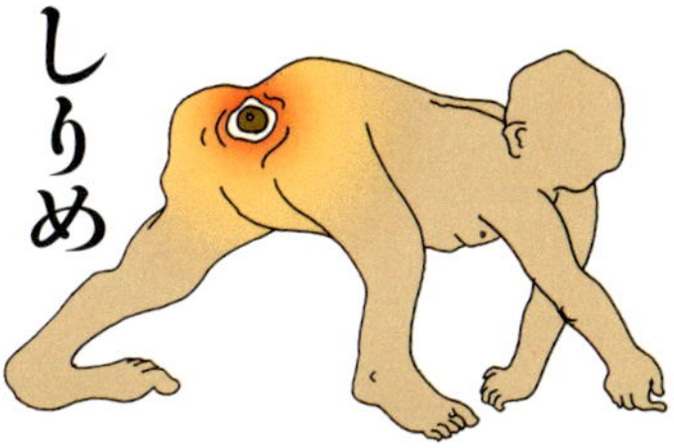

ぬりぼとけ
仏間妖怪【人生の活圏生息種】

仏間ナマズ目　クロボウズ科

塗仏（ヌリボトケ）

分日本各地の仏間 見一年中 特目玉を垂れ下げた黒い坊主姿で仏壇から現れる。背中に魚のヒレがある種も存在。正体は怠けものの僧を一喝する妖怪、ゾンビ（生ける死体）などと推測される。

もくぎょだるま

コイ木目　ボーディダルマ科

木魚達磨（モクギョダルマ）

分日本各地の達磨寺《だるまじ》 見一年中 特眠気覚ましに打ち鳴らす魚を模した仏具「木魚」と、寝る間を惜しんで修行した「達磨」が合体した不眠不休の修行を奨励する妖怪。

にょいじざい

仏間ナマズ目　ボウズ人科

如意自在（ニョイジザイ）

分日本各地の仏間 見一年中 特僧侶の仏具「如意」が妖怪化。痒《かゆ》いところを長い手と鋭い爪で自在にかいてくれる。

【妖怪の系譜】

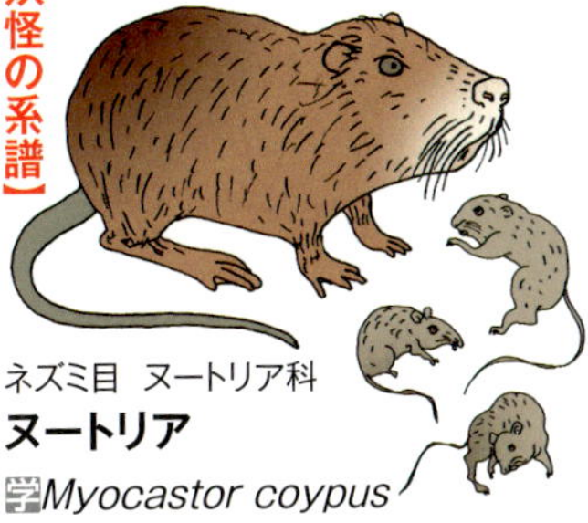

ネズミ目　ヌートリア科

ヌートリア

学*Myocastor coypus*

分西日本の水辺。原産地は南米 見明け方と夕方に活発に動く。夜行性 特体長40～60cm。体重5～10kg。大きな前歯に小さい耳。後ろ足には水掻《か》き。体毛が柔らかく、軍の毛皮調達用に飼育されていた。終戦後に野生化。野菜への食害、在来種への影響が危惧されている。

てっそ

ネズミ目　鉄ネズミ科

鉄鼠（テッソ）

分近江国《おうみのくに》（滋賀県）の寺院 見一年中 特鉄の牙をもつ大型ネズミ妖怪。平安時代の僧、頼豪《らいごう》の怨霊《おんりょう》が妖怪化。八万四千匹のネズミを引き連れ、寺の教典を食い荒らす。

台所妖怪と仲間【人の生活圏生息種】

ふたくちおんな

じっとり　梅雨時

雨に閉じ込められ
家の中からも
妖怪が湧いてくる

サル目　吉兆ヒト科

鳴釜（ナリガマ）

分 備中国《びっちゅうのくに》（岡山県） 見 一年中 特 頭部は釜で体は毛深い妖怪。征伐された鬼のうなり声の霊が釜に乗り移り妖怪化。現在は、釜を焚《た》いたときの音で吉兆を占うのが仕事。

サル目　大食ヒト科

二口女（フタクチオンナ）

分 下総国《しもうさのくに》（茨城県、埼玉県、千葉県）の台所 見 一年中 特 大きく裂けた後頭部の口に蛇状の髪が食物を運び、食べたり物を言ったりする。頭部の傷口が妖怪化。体の腫《は》れ物が人の顔になる人面瘡《じんめんそう》の一種。

やまうば

サル目　山鬼ヒト科

山姥（ヤマウバ）

分相模国《さがみのくに》（神奈川県）の深山　見一年中　特山奥にすみ、妖怪視される老婆。人を捕食すると思われているが、実際はやさしい性格の山の神。山中で迷子を保護したり、民家に来て糸紡ぎを手伝ったりする。足柄山の金太郎の育て親として、よく知られている。山爺《やまじじ》、山男《やまおとこ》、山女《やまおんな》、山童《やまわらわ》と一緒の大家族。

しろうねり

家庭龍目　ゾウキン科

白溶裔（シロウネリ）

分陸奥国《むつのくに》の陸奥《むつ》（青森県、岩手県）の台所　見一年中　特使い古された雑巾《ぞうきん》が年を経て妖怪化。

あずきあらい

サル目　和算ヒト科

小豆洗い（アズキアライ）

分本州、主に越後国《えちごのくに》（新潟県）の小川　見夕方　特利発な小僧が悪僧に殺され妖怪化。目が大きく背は低い。小僧は小豆の数を数えるのが得意で、妖怪になっても「ザクザク」音を立てて小豆をとぎ、数えている。小豆婆《あずきばばあ》は同種の妖怪。

子育て妖怪と仲間【人の生活圏生息種】

やなぎおんな

ヤナギ目　枝垂れ婆科

柳婆（ヤナギババ）

分常陸国《ひたちのくに》（茨城県）　見一年中　特1000年を経た柳が妖怪化。柳の下を通る人の頬をなでたり、持ち物をくすねたりする。さらに美人に化けて誘惑したり、老婆姿で声をかけたりする。

サル目　ヤナギ霊科

柳女（ヤナギオンナ）

分日本各地の柳の街路樹の下　見夕方から夜間　特風の強い日、柳の枝が通りかかった母子の首にまとわりつき亡くなった。口《く》惜《や》しさの念が柳の下にたまり、夜ごと恨《うら》めしい女の泣き声が聞こえる。

ネズミ目　グレーネズミ科

旧鼠（キュウソ）

分大和国《やまとのくに》（奈良県）の厩舎《きゅうしゃ》 見一年中 特年を経て中型犬ぐらいの大きさになったネズミの妖怪。猫をも食べてしまう旧鼠もいれば、旧鼠が雌猫代わりに5匹の子猫に自分の乳を与えて育てたという記録もある。

きゅうそ

うぶめ

サル目　ウバメトリヒト科

姑獲鳥（ウブメ）

分出羽国《でわのくに》の羽前《うぜん》（山形県）の路上 見夜間 特出産時に母子共に亡くなり、満足に弔《とむら》われなかったために妖怪化。道行く人に「念仏を唱える間、この子を抱いてください」と声をかける。抱いた赤子は次第に重くなる。その結果、怪力を授かることもあれば、赤子に喉を噛《か》みつかれる場合もある。

岩石目　エーンエーン石科

夜啼石（ヨナキイシ）

分日本各地の路上。主に遠江国《とおとうみのくに》（静岡県） 見夜間 特母の霊の乗り移った石が残した子を思い、夜な夜な泣く妖怪化した石。霊的な石は人に話しかけることもある。

水神河童目　類人スッポン科

川赤子（カワアカゴ）

分日本各地の河川 見一年中 特水辺で赤子の声を出して人を惑わす妖怪。正体は河童《かっぱ》の近縁種、赤子の声を出す怪魚などと推測される。

よなきいし

かわあかご

寝所妖怪【人の生活圏生息種】

ざしきわらし

幼子の魂は
悪戯をしても
何がよいのか悪いのかを
知らない
祟りの大きさは
幼子の妖怪に
勝るものはない

サル目　裕福ヒト科

座敷童子（ザシキワラシ）

【分】日本各地。主に陸奥国《むつのくに》の陸中《りくちゅう》（岩手県、秋田県）の旧家の座敷 【見】めったに見られない 【特】おかっぱ頭の子ども妖怪。見た目の年齢は3～15歳と幅があり、性別は男女両方。白い座敷童子の居る家は繁栄し、居なくなると衰退する。赤い座敷童子が見えるのは不吉事の前触れ。囲炉裏の灰の上に小さな足跡を残したり、家人が寝ていると枕を返したり、布団を引っ張るなどの悪戯好き。岩手県では、色白で美形、奥座敷にすむ種をチョーピラコ。土間を這《は》い回る種をノタバリコ。臼《うす》をつくような音を立てる種をウスツキワラシと呼ぶ。多様な亜種が日本各地に分布。

ておいへび

有鱗目　文字ヘビ科

手負蛇（テオイヘビ）

分日本各地の寝所 見一年中。主に夜間 特執念深い蛇の妖怪。半殺しにされた蛇が寝所に入り込み、自らの血で「仇《あだ》報いんとぞ（恨みに思うことを仕返しするぞ）」と文字で書き残した。

まくらがえし

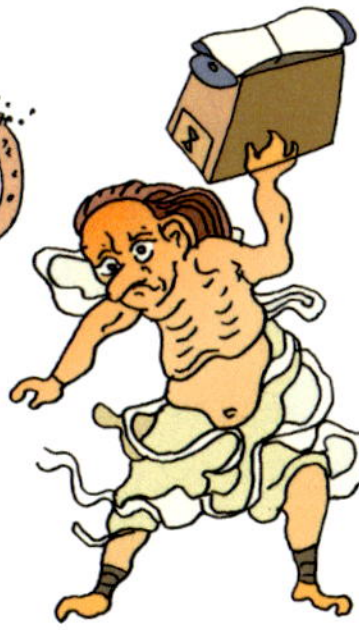

サル目　夢マクラヒト科

反枕（マクラガエシ）

分常陸国《ひたちのくに》（茨城県）の寝所 見一年中。主に夜間 特寝ている人の枕をひっくり返したり、体の向きを逆にするなどの悪戯《いたずら》をする妖怪。仁王、坊主などの姿。寝ぼけ眼での目撃のため確認が難しい。枕は魂を夢の世界へ運ぶ乗り物、枕を動かすと魂が肉体に戻れなくなる危険がある。

おんもらき

コウノトリ目　ゾンビロコウ科

陰摩羅鬼（オンモラキ）

分山城国《やましろのくに》（京都府）。原産地は中国 見一年中。夢の中 特新しい屍《しかばね》の霊気から生まれ、夢の中に現れる鳥型妖怪。体色は黒く、鶴に似た形態。目は灯火《とうか》のようで鳴き声は甲高い。

身近な妖怪発見

ハシビロコウの姿は陰摩羅鬼の系譜

ゆめのせいれい

サル目　夢呼ビ科

夢のせいれい（ユメノセイレイ）

詳細不明。

サル目　首長ヒト科

ろくろ首(ロクロクビ)

分若狭湾(福井県)の寝所、路上 見主に夜間 特頭部が胴から抜け出て飛び回る「抜け首」種と、人の首が胴から伸びる「ろくろ首」種がある。抜け首は離魂病《りこんびょう》の一種で、人を襲い血を吸う。症状としては、睡眠中に首が抜け出たところを路上で侍に目撃され追いかけられる。首が体に逃げ戻ったところで「追いかけられる怖い夢を見た」と目が覚める。美形の女性に多い。ろくろ首は、見世物小屋で人気を博している。

いきりょう

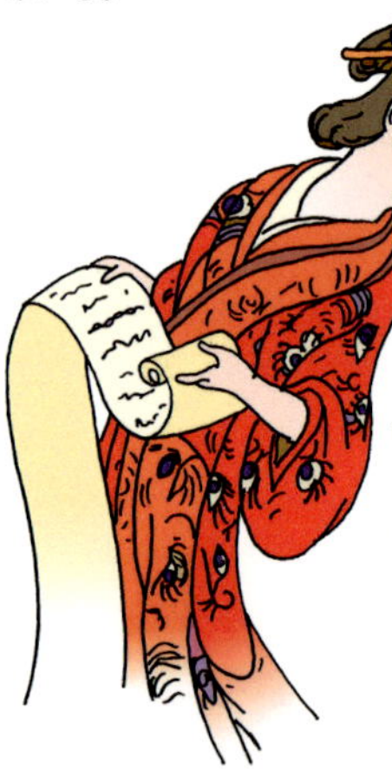

サル目　幽体ヒト科

生き霊(イキリョウ)

分日本各地の寝所 見主に夜間 特睡眠中の人体から魂が抜け出し、他の人に取り憑《つ》く離魂病《りこんびょう》。恨み、恋などの強い妄念《もうねん》が原因となり、無意識に魂が動きまわる。自分自身の生き霊を目撃するのを影《かげ》の病《やまい》という。

ねぶとり

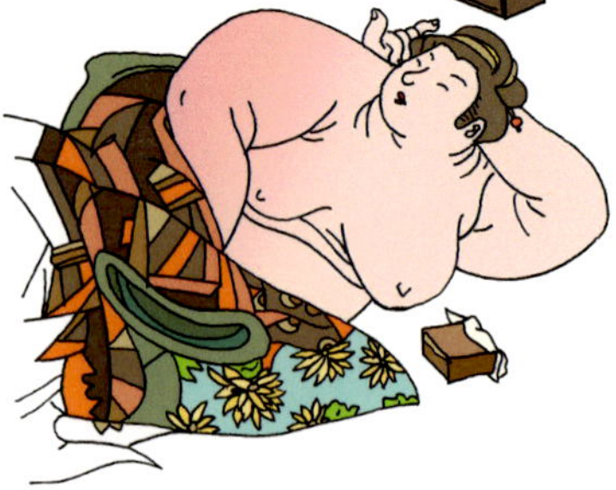

サル目　喰ウ寝ルヒト科

寝肥(ネブトリ)

分陸奥国《むつのくに》の陸奥《むつ》(青森県、岩手県)の寝所 見一年中、夜間 特巨体化する妖怪病。平常は美形女性。床につくと体が部屋いっぱいに肥満化、大いびきをかくのが特徴。寝相が悪く、朝寝坊は妖怪病の前兆。

ひとだま

サル目　幽体ヒト科

人魂(ヒトダマ)

分日本各地 見主に夜間 特人体から抜け出て飛ぶ人の魂。鬼火(p.40)とは別種。頭部は丸く平らで尾は細長い。色は青白く、やや赤味を帯びる。地上から9～12mを静かに飛ぶ。落下すると光が消え、落ちた場所には小さな虫が集まる。現在も目撃例が多い。

美形女房妖怪と仲間
【人の生活圏生息種】
ろくろくび

幽霊を見たことのある人は多くいても
顔まで覚えている人は少ない
見た人の話では
みんな美人になる

美形娘妖怪と仲間

【人の生活圏生息種】

おきくむし

ジャコウアゲハの蛹

鬼火目　ブラブラ科

皿かぞえ（サラカゾエ）

分播磨国《はりまのくに》（兵庫県）の皿屋敷　**見**夏季、夜間　**特**お菊の鬼火。井戸の中から皿の数を1枚から9枚まで数え、10枚目で泣き叫ぶ声が聞こえてくる。

さらかぞえ

鬼火目　奉公娘科

お菊虫（オキクムシ）

分日本各地の皿屋敷　**見**冬季　**特**理不尽な仕打ちで亡くなったお菊という名の女性の霊が、夜ごと井戸から現れ皿を数える。出現場所としては、播州皿屋敷《ばんしゅうさらやしき》や番町皿屋敷《ばんちょうさらやしき》がよく知られている。後に井戸の周辺から女性が後ろ手にしばられたような姿の虫「お菊虫」が大発生。お菊虫はジャコウアゲハの蛹《さなぎ》。

きょうこつ

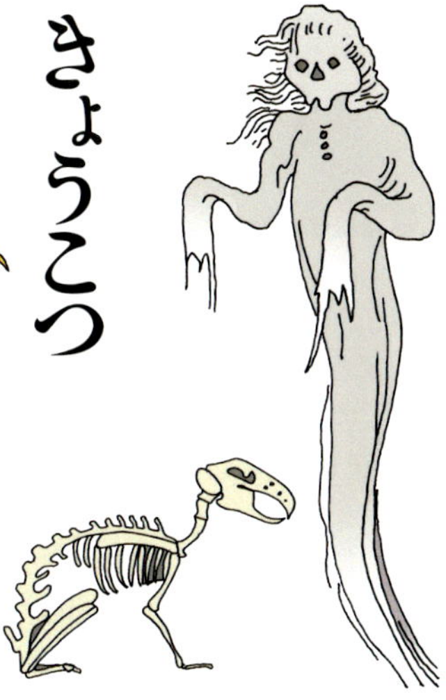

サル目　深淵ガイコツ科

狂骨（キョウコツ）

分日本各地の井戸　**見**一年中　**特**井戸から現れる骸骨妖怪。底の深い井戸よりも深い恨みが妖怪化。先人のいましめに、「井戸をむやみに覗《のぞ》き込んではならぬ」とある。今も井戸は黄泉《よみ》の国への入り口と信じられている。

美形海洋妖怪と仲間【野外生息種】

にんぎょ

かつて人魚は
日本各地で　よく見られたが
長寿の薬として
人間に食べ尽くされた

サル目　ジュゴンヒト科

人魚（ニンギョ）

分世界の海洋　見一年中　特上半身が人間で、下半身が魚類の妖怪。時代が下ると上半身は猿顔から美形娘に変化。体長は50cm～11m。『日本書紀』に漁師の網にかかった最古の記録がある。人魚が姿を現すことは凶事の前兆といわれるが、若狭国（福井県）の尼、八百比丘尼《やおびくに》のように人魚の肉を食して不老不死になった記録もある。日本各地に人魚のミイラが残っているが、猿と魚を継ぎ合わせたものが多い。

人魚のミイラ

さざえおに

サル目　リュウテンサザエ姫科

栄螺鬼（サザエオニ）

分上総国《かずさのくに》（千葉県）の岩礁　見夜間。特に月夜　特サザエが年を経て妖怪化した種と、ふしだらな女性が罰で海に投げ込まれ妖怪化した種がある。ふだんは海中に目立たぬように潜んでいるが、月夜の晩は海上でなまめかしく踊る。踊り終わると一夜の宿を求めて浜に現れる。泊めた宿の住人は殺害されると恐れられている。

うみぼうず

サル目　入道科

海坊主（ウミボウズ）

分日本各地の沿岸部　見夜間　特海面からの体長は3～30m。穏やかだった海面が盛り上がり、黒い大仏のような姿で現れ出る妖怪。大型種は漁船を襲う。小型種は人と泳ぎを競ったり、浜に上がり、人にもたれかかり押しつぶす習性がある。煙草の煙が苦手。近年もマグロ漁船員からの目撃情報がある。

しゅっせぼら

吸腔龍目　フジツガイ法螺吹科

出世螺（シュッセボラ）

分日本各地の深山幽谷《しんざんゆうこく》　見一年中　特ホラ貝が山に3000年、里に3000年、海に3000年すむと龍に変容。成体を出世螺と呼ぶ。日本各地に山から法螺《ほら》が抜け出た跡——洞穴《ほらあな》がいくつも残っている。

ものはな

サル目　コイヒト科

藻之花（モノハナ）

分信濃国《しなののくに》（長野県）の水槽　見一年中　特金魚型人魚の妖怪。藻之花という名の女性の怨魂《えんこん》が金魚に取り憑《つ》いて妖怪化。金魚の一品種ランチュウの原種。山東京伝《さんとうきょうでん》が戯作『梅花氷裂《ばいかひょうれつ》』の中で紹介。

ぬれおんな

美形たぶらかし妖怪と仲間【野外生息種】

さら蛇　濡女の亜種で胴体は黄色

発見
身近な
妖怪

マムシグサは植物界の濡女。球茎は有毒

サル目　ウミヘビ妖怪科

濡女（ヌレオンナ）

分 石見国《いわみのくに》（島根県）の沿岸部 見 一年中 特 頭部は濡れた髪の女性、胴は蛇。3町（327m）先まで届く尾で人に巻きつき捕食。石見国の濡女は女性に化け、赤子を抱いて海辺に現れる。出会った人に赤子を預け海に戻る。濡女と入れ替わりに共謀者の牛鬼《うしおに》が現れ襲いかかる。濡れ女からの難を逃れるには手袋をして赤子を抱き、牛鬼が現れたら手袋ごと脱ぎ捨てて逃げるとよい。

うみうし

ミノタウロス目　ウミウシ妖怪科

海牛（ウミウシ）

分日本各地の浅い海 見一年中 特体長は30cm～数m。形態、体色は多様。牛の角のような触角をもつ。九州の南端にある大隅半島の村には、お盆の後、牛鬼の一種海牛《うんむし》が海から現れる。

どうじょうじのかね

サル目　カネヘビ妖怪科

道成寺鐘（ドウジョウジノカネ）

分紀伊国《きいのくに》（和歌山県、三重県）の鐘楼《しょうろう》 見一年中。道成寺の安珍塚 特延長六年（929年）、庄司清次《しょうじのきよつぐ》の娘、清姫に修行僧安珍《あんちん》が一方的に恋い慕われた。鐘の中に逃げた安珍に清姫が激高し、蛇身となって焼き殺した。恋を常食にする娘妖怪。

うしおに

ミノタウロス目　クモウシ妖怪科

牛鬼（ウシオニ）

分西日本。主に伊予国《いよのくに》（愛媛県）の海洋、山岳地帯 見一年中 特頭部は牛、胴はクモ。または、頭部は鬼、胴が牛の姿形。牛鬼淵と呼ばれ、川の水が深くよどんでいるところは、海とつながっている。この水路を使って牛鬼は山と海を行き来する。海辺では濡女と共謀して人を襲う。凶暴で毒を吐き、家畜、人などを捕食する肉食性。影を牛鬼に舐められただけで高熱が出る。豪傑に駆逐された記録は多く、角、頭蓋骨などの遺物も残っている。宇和島では、牛鬼のこしらえ物が町を練り歩く「牛鬼祭り」が今も続いている。

美形深山幽谷妖怪と仲間【野外生息種】
ゆき
おんな
好きな人は
いつも吐息で氷漬け
雪女の罪はどこにあるの
おしろいばば

創造神目　蜀科
燭陰（ショクイン）
分原産地は中国。鐘山 見日本での目撃情報はない 特体長は千里（約4000km）。人面蛇身。体色は赤。目を開ければ昼に、閉じれば夜になる。息を吐けば冬に、吸えば夏になる。ふだんは飲まず食わず息もしない。息をするとすさまじい風が吹く。

サル目　白化ヒト科
雪女（ユキオンナ）
分日本各地。主に出羽国《でわのくに》の羽前《うぜん》（山形県）の深山 見冬季。満月の夜 特白装束、黒い髪、白い肌をした雪の妖怪。雪女に出会った人は雪女が吹きかけた息で凍死する。雪女が声をかけ、振り向かないと谷底に突き落とす。性格は凶暴。風呂に入ったら溶け、囲炉裏にあたり雪煙になって消えるなど、固体、液体、気体に姿を変えたという目撃例が多数。

サル目　白化ヒト科
白粉婆（オシロイババ）
分能登国《のとのくに》（石川県）の山里 見12月の夜間 特雪の積もった夜、笠をかぶり酒徳利を手にして歩く。白粉を厚塗りした老婆妖怪。雪女の近縁種。

山鬼目　単足科
山精（サンセイ）
分原産地は中国の安国市 見日本での目撃情報はない 特体長は30～120cm。単足、足のつきかたは人間とは逆向き。カエルやカニなどを食べる肉食性。特に石蟹が好物で、木こりから盗んだ塩をかけ火であぶって食す。

鬼目　水洗ヒト科
手洗鬼（テアライオニ）
分讃岐国《さぬきのくに》（香川県）の高松から丸亀 見一年中 特三里（約12km）の山をまたぎ、海で手を洗う巨人妖怪。どんな汚い仕事をしてきたのかは不明。同じ巨人で山や湖を造るダイダラボッチの使い。

鼬(テン) 20
天狗礫(テングツブテ) 38
天井下(テンジョウクダリ) 54
天井嘗(テンジョウナメ) 54
天火(テンビ) 40
燈台鬼(トウダイキ) 41
豆腐小僧(トウフコゾウ) 59
道成寺鐘(ドウジョウジノカネ) 75
どうもこうも 49
百々目鬼(ドドメキ) 56
泥田坊(ドロタボウ) 42

ナ行

白蔵主(ハクゾウス) 23
鳴釜(ナリガマ) 62
日本狼(ニホンオオカミ) 18
如意自在(ニョイジザイ) 61
人魚(ニンギョ) 72
鵺(ヌエ) 29
ぬっぺふほふ 32
ヌートリア 61
ぬらりひょん 33
塗仏(ヌリボトケ) 61
濡女(ヌレオンナ) 74
猫又(ネコマタ) 26
寝肥(ネブトリ) 68
野槌(ノヅチ) 14
野鉄砲(ノデッポウ) 31
野寺坊(ノデラボウ) 43
野衾(ノブスマ) 31

ハ行

白蔵主(ハクゾウス) 23
白澤(ハクタク) 28
白鼻芯(ハクビシン) 18
歯黒べったり(ハグロベッタリ) 32
獏(バク) 29
獏王(バクオウ) 28
ばけの皮衣(バケノカワゴロモ) 22
はぢっかき 48
火消婆(ヒケシババ) 52
魃(ヒデリガミ) 43
人魂(ヒトダマ) 68
一つ目小僧(ヒトツメコゾウ) 59
皮肉(ヒニク) 48
比々(ヒヒ) 45
火間蟲入道(ヒマムシニュウドウ) 55
ひょうすべ 13
屏風のぞき(ビョウブノゾキ) 37
日和坊(ヒヨリボウ) 17
風狸(フウリ) 25
袋狢(フクロムジナ) 21
二口女(フタクチオンナ) 62
フトゲツツガムシ 15
不々落々(ブラブラ) 40
ふらり火(フラリビ) 41
震々(ブルブル) 50
彭侯(ホウコウ) 12
骨傘(ホネカラカサ) 16
本土狐(ホンドギツネ) 22
本土狸(ホンドタヌキ) 24

マ行

反枕(マクラガエシ) 67
豆狸(マメダヌキ) 24
三毛猫(ミケネコ) 27
見越し入道(ミコシニュウドウ) 34
身の毛立(ミノケダチ) 34
狢(ムジナ) 21
馬鹿(ムマシカ) 49
目競(メクラベ) 56
木魚達磨(モクギョダルマ) 61
目目連(モクモクレン) 56
藻之花(モノハナ) 73
百々爺(モモンジイ) 31
茂林寺釜(モリンジノカマ) 25

ヤ行

山あらし(ヤマアラシ) 35
山姥(ヤマウバ) 63
山男(ヤマオトコ) 12
山颪(ヤマオロシ) 35
山地乳(ヤマチチ) 31
幽谷響(ヤマビコ) 12
山童(ヤマワラワ) 13
柳女(ヤナギオンナ) 64
柳婆(ヤナギババ) 64
鳴家(ヤナリ) 38
雪女(ユキオンナ) 77
夢のせいれい(ユメノセイレイ) 67
夜啼石(ヨナキイシ) 65

ラ行

雷獣(ライジュウ) 19
ろくろ首(ロクロクビ) 68

ワ行

わいら 51
輪入道(ワニュウドウ) 40

索引

ア行

青坊主 (アオボウズ) 59
赤口 (アカクチ) 52
赤舌 (アカシタ) 52
垢嘗 (アカナメ) 52
小豆洗い (アズキアライ) 63
油赤子 (アブラアカゴ) 52
網剪 (アミキリ) 46
雨女 (アメオンナ) 17
雨降小僧 (アメフリコゾウ) 17
アリゲーターガー 11
生き霊 (イキリョウ) 68
鼬鼠 (イタチ) 21
一目連 (イチモクレン) 57
一反木綿 (イッタンモメン) の原種 33
以津真天 (イツマデ) 29
犬神 (イヌガミ) 18
牛鬼 (ウシオニ) 75
後神 (ウシロガミ) 51
後眼 (ウシロメ) 56
姥が火 (ウバガビ) 40
姑獲鳥 (ウブメ) 65
海牛 (ウミウシ) 75
海座頭 (ウミザトウ) 43
海坊主 (ウミボウズ) 73
うわん 35
煙々羅 (エンエンラ) 55
苧うに (オウニ) 44
お菊虫 (オキクムシ) 71
白粉婆 (オシロイババ) 77
おとろし 50
陰摩羅鬼 (オンモラキ) 67

カ行

元興寺 (ガゴゼ) 51
火車 (カシャ) 27
風の神 (カゼノカミ) 47
片輪車 (カタワグルマ) 41
河童 (カッパ) 09
桂男 (カツラオトコ) 49
窮奇 (カマイタチ) 47
髪切り (カミキリ) 46
カミツキガメ 11
からかさ小僧 (カラカサコゾウ) 16
川赤子 (カワアカゴ) 65
川獺 (カワウソ) 11
ガンギエイ 10
岸涯小僧 (ガンギコゾウ) 10
加牟波理入道 (ガンバリニュウドウ) 37
鬼女 (キジョ) 37
狐火 (キツネビ) 23
絹狸 (キヌタヌキ) 25
旧鼠 (キュウソ) 65
狂骨 (キョウコツ) 71
葛の葉狐 (クズノハギツネ) 23
沓頬 (クツクラ) 35
毛羽毛現 (ケウケゲン) 44
毛娼妓 (ケジョウロウ) 45
倩々女 (ケラケラオンナ) 37
木魅 (コダマ) 12
五徳猫 (ゴトクネコ) 26
小雨坊 (コサメボウ) 17
狐者異 (コワイ) 51

サ行

栄螺鬼 (サザエオニ) 73
座敷童子 (ザシキワラシ) 66

座頭鯨 (ザトウクジラ) 43
覚 (サトリ) 45
皿かぞえ (サラカゾエ) 71
さら蛇 (サラヘビ) 74
山精 (サンセイ) 77
三虫 (サンチュウ) 55
芝右衛門狸 (シバエモンタヌキ) 25
しゅのぼん 32
尻目 (シリメ) 59
白うかり (シロウカリ) 49
白溶裔 (シロウネリ) 63
出世螺 (シュッセボラ) 73
しょうけら 55
燭陰 (ショクイン) 77
燭台大蒟蒻 (ショクダイオオコンニャク) 41
絡新婦 (ジョロウグモ) 15
水虎 (スイコ) 10
殺生石 (セッショウセキ) 22
叢原火 (ソウゲンビ) 41

タ行

大地打 (ダイチウチ) 38
松明丸 (タイマツマル) 38
高女 (タカオンナ) 37
畳叩き (タタミタタキ) 38
恙虫 (ツツガムシ) 15
土蜘蛛 (ツチグモ) 15
槌の子 (ツチノコ) 14
釣瓶火 (ツルベビ) 40
手洗鬼 (テアライオニ) 77
手負蛇 (テオイヘビ) 67

お名残惜しいですが

あとがき

仕事帰りに不思議なことがあった。午後11時すぎ、駅の改札出口で「妖怪を見たことがありますか？」と呼び止められた。コンサートかクラブ帰りの女子高生のようだ。金色のスカートを身につけ、派手な柄のストッキング姿。ここで見たことがあるなどと言ったら、「本当の妖怪は私よ」と言われそうな化粧顔。「妖怪を勉強しているものです」と無難に答えてしまった。電車の中で妖怪の資料を読んでいた私を見て、気になって声をかけたとのこと。

今ならこう答えられます。妖怪探しの旅でわかってきたことは、妖怪の住《す》み処《か》は、廃屋のような心霊スポットよりも、周辺と違い妙に草が茂っているような、精気が溜《た》まり活力がみなぎる場所。誰の目にも見えるわけでないが、じいっと目をこらし耳をそばだてると、目の前に妖怪がいる。

「このは」編集長の志水謙祐さんとの妖怪の分類作業では、アリストテレスとかリンネが生物を分類したときの気分を味わえた。代表取締役社長の斉藤博さんとは、「ウサギの王様」を上梓して以来16年ぶりの奇縁で、企画段階で示唆に富んだ話を聞かせて頂いた。妖怪が苦手な川村さみさんにはデザインを整えてもらい、企画案では、KさんとIさんにお世話になった。ありがとうございました。

参考文献

今野円輔『日本怪談集幽霊篇』中公文庫BIBLIO（中央公論新社）

今野円輔『日本怪談集妖怪篇』中公文庫BIBLIO（中央公論新社）

竹原春泉『桃山人夜話―絵本百物語』角川ソフィア文庫（角川書店）

鳥山石燕『鳥山石燕 画図百鬼夜行全画集』角川ソフィア文庫（角川書店）

柴田宵曲『奇談異聞辞典』ちくま学芸文庫（筑摩書房）

柴田宵曲『妖異博物館』ちくま学芸文庫（筑摩書房）

アダム・カバット『大江戸化物図譜』小学館文庫（小学館）

人文社編集部『江戸諸国百物語』（人文社）

水木しげる 村上健司『日本妖怪大事典』（角川書店）

荒俣宏 小松和彦『妖怪草紙』（工作舎）

笹間良彦『図説 日本未確認生物事典』（柏美術出版）

小松和彦 監修『妖怪絵巻 』別冊太陽日本のこころ（平凡社）

朝日新聞社 編『江戸の動植物図』（朝日新聞社）

高木春山『本草図説』（リブロポート）

稲垣進一 悳俊彦『国芳の狂画』（東京書籍）